Konzepte
der Sprach- und Literaturwissenschaft

4

D1003391

Uriel Weinreich

Erkundungen
zur Theorie der Semantik

Ins Deutsche übertragen und mit einem Vorwort versehen
von Leonhard Lipka

Max Niemeyer Verlag

Tübingen 1970

Die Abhandlung erschien 1966 unter dem Titel
Explorations in Semantic Theory
in ›Current Trends in Linguistics‹, Band III, Seiten 395–477
im Verlag Mouton & Co., Den Haag

Redaktion der Reihe: Lothar Rotsch

ISBN 3 484 22003 1

Vorwort des Übersetzers

Die *Explorations in Semantic Theory* nehmen in der Entwicklung der modernen Linguistik einen festen Platz ein. Im Jahre 1957 war die transformationell-generative Grammatik, aufbauend auf den Ideen von Zellig Harris, mit Noam Chomskys *Syntactic Structures* zum ersten Mal an die Öffentlichkeit getreten. Die neue grammatische Theorie entwickelte sich rasch, wobei aber erstaunlicherweise die Semantik völlig unberücksichtigt blieb. Dies änderte sich erst 1963, als Katz und Fodor den bald heftig diskutierten Entwurf einer semantischen Theorie vorlegten, die mit der transformationellen Grammatik verbunden war. Die Unzulänglichkeiten und Fehler dieses ersten Versuchs wurden von Weinreich in seinen *Explorations* (1966) aufgegriffen und dienten als Ausgangspunkt für die Entwicklung seiner eigenen semantischen Theorie, die mit der inzwischen weiter fortgeschrittenen syntaktischen Theorie in der Fassung von Chomskys *Aspects* (1965) in Einklang stand. Weinreichs Kritik wurde von Katz mit *Recent Issues in Semantic Theory* (1967) erwidert, worauf Weinreich dann noch einmal mit *On Arguing with Mr. Katz* (1967) entgegnete. Leider war es dem zu früh verstorbenen Autor der *Explorations* nicht mehr vergönnt, seine Vorstellungen von der Theorie der Semantik im einzelnen auszuführen.

Inzwischen hat sich die semantische Forschung stürmisch weiter entwickelt. Dabei stellt man jedoch mit Verwunderung fest, daß Weinreichs Vorschläge kaum Beachtung gefunden haben. Zwar vermerkt McCawley in seiner Rezension von *Current Trends 3* (1968), hier sei der Keim der Idee zu finden, die dann von Bach, Gruber, Lakoff, Ross und von ihm selbst übernommen wurde, daß es keine wirkliche Trennung zwischen Syntax und Semantik gebe und daß »die Regeln zur Kombination von Material in Sätze eigentlich Regeln zur Kombination von semantischem Material« seien. In diese Richtung führte auch die neue sogenannte generative Semantik, zu der vor allem noch Paul M. Postal gehört. Der Ansatz der *Explorations* selbst mit allen seinen Einzelheiten wurde jedoch nicht aufgenommen.

Die Stellung der Semantik innerhalb der transformationell-generativen

Grammatik hat sich somit ganz entscheidend gewandelt. Zunächst wurde sie völlig ausgeklammert und ihre Integration in das Modell auf einen späteren Zeitpunkt verschoben. Bei Katz und Fodor wendet sich ihr dann die Aufmerksamkeit zu, jedoch wird eine scharfe Trennung zwischen Syntax und Semantik postuliert. Weinreich lehnt dann eine solche Trennung ab und spricht von einer tiefen gegenseitigen Durchdringung der beiden Gebiete. In der generativen Semantik schließlich erscheint die Semantik nicht mehr nur in der Rolle einer interpretativen Komponente, sondern sie nimmt eine ganz zentrale Stellung ein. Hier ist die Tiefenstruktur eines Satzes seine semantische Repräsentation, und die Basiskomponente der Grammatik selbst generiert direkt semantische Repräsentationen. Den Transformationen fällt dabei die Rolle zu, diese Repräsentationen mit den Oberflächenstrukturen zu verbinden. In der Regel wird dabei mit den Verfahren der symbolischen Logik gearbeitet, und die Basisstrukturen werden mit den dort üblichen Formalisierungen gefaßt.

Zur Auffindung semantischer Strukturen, die einer bestimmten Oberflächenstruktur zugrundeliegen, können syntaktische Kriterien herangezogen werden, wie z. B. bei Postal (1970), oder die konzeptuelle Struktur der Basis wird direkt intuitiv erfaßt. Auch hierin unterscheidet sich Weinreich kaum von der generativen Semantik. Obwohl seine Theorie äußerst explizit ist, wird nichts über die Kriterien ausgesagt, die zur Aufstellung bestimmter Merkmale, wie z. B. [Bewegbar-auf-Land], führen. Selbst bei so allgemein anerkannten Merkmalen wie [Belebt], [Menschlich], sind — von Ausnahmen abgesehen — die Grundlagen dieser Merkmale in der transformationell-generativen Grammatik kaum diskutiert worden.

Die Anlage der Übersetzung verlangt einige Bemerkungen. Da das Original mit Chomskys *Aspects* in Einklang stehen soll, wurde auch bei der deutschen Übertragung größtmögliche Übereinstimmung mit der entsprechenden deutschen Ausgabe angestrebt. Verschiedentlich waren jedoch Abweichungen nötig, wie sich aus dem terminologischen Glossar ersehen läßt. Dieses dient durch die alphabetische Anordnung der englischen Stichwörter und durch die Seitenverweise zugleich dem Zweck, den Zusammenhang mit dem Original der *Explorations* deutlich zu machen. Einige kleinere Versehen wurden im Einvernehmen mit Frau Beatrice Weinreich korrigiert. — Durch die Berichtigung einiger Lücken in der Numerierung der Beispielsätze und Schaubilder ergeben sich von (19) bis (43) und von (78) bis (115) in der Zählung Abweichungen vom Original.

Die Bibliographie wurde nach den folgenden Gesichtspunkten ergänzt. Da die Literaturangaben im Original eine subjektive Auswahl darstellen und auf die Zitate abgestimmt sind, wurden grundsätzlich keine Titel neu aufgenommen, die vor 1966 erschienen sind und daher wohl Weinreich selbst bekannt waren. Weiterhin wurde nichts ergänzt, was bereits in der zitierten Bibliographie von Krenn und Müllner enthalten ist, außer wenn die endgültigen Daten (z. B. bei Vorankündigungen) von den Angaben dort abweichen (wie bei Brekle, Postal u. a.). Neu aufgenommene Titel sind mit einem Sternchen gekennzeichnet. Prinzipiell wurde nur solche Literatur hinzugefügt, die unmittelbar mit dem hier Dargestellten zu tun hat, die also *Aspects, Explorations,* Katz und Fodor (= KF) oder die generative Semantik im engeren Sinn betrifft. (Somit werden z. B. Coseriu, Leech, Lyons, Pottier, Ullmann usw. nicht berücksichtigt.) Die Zugänglichkeit für den deutschen Leser war dabei als zusätzliches Kriterium wichtig. Wenn nötig wurden die bibliographischen Angaben bei im Original aufgeführten Titeln ergänzt.

Für ihre Hilfe bei der Klärung einiger nicht ganz eindeutigen Punkte im Erstdruck der *Explorations* möchte der Übersetzer Frau Beatrice Weinreich, New York, seinen Dank aussprechen.

Tübingen, im Mai 1970   Leonhard Lipka

Inhaltsverzeichnis

X

1. Einführung

In der gegenwärtigen Welle ihrer Verjüngung eröffnen sich der Linguistik lange verschlossene Möglichkeiten, die Semantik wieder in den Bereich ihrer legitimen Interessen aufzunehmen. Daß Laute in Verbindung mit Bedeutungen die eigentlichen Gegenstände linguistischer Untersuchungen sind, ist nie geleugnet worden. Doch im Gegensatz zu den Lauten selbst sind die Bedeutungen, die irgendwie mit ihnen gekoppelt sind, in einer Äußerung oder ihrer graphischen Wiedergabe nicht physisch greifbar. Daher war zu einer Zeit, als die Überempfindlichkeit gegen ›geistige‹ Fakten vorherrschte, vor allem in Amerika, die einzige offizielle Rolle, die dem Informanten verblieb, diejenige eines Äußerers von uninterpretierten Texten. Semantisches Material – unabhängig davon, ob man sich vorstellte, daß es im Situationsstimulus oder im Gehirn des Sprechers oder in der offenkundigen Reaktion eines anderen Sprechers zu finden sei – war, in jedem Fall, der Beobachtung entzogen; es war in der Tat bei den lebenden Sprachen ebenso schwer zu erfassen wie bei den toten. Die Lexikographie machte in paradiesischer Unbefangenheit weiter, ohne ihre eigenen theoretischen Grundlagen in Frage zu stellen. Doch für eine kritische Linguistik gab es keine Theorie der Bedeutung, mit der semantische Aussagen in Übereinstimmung gebracht werden sollten, und es waren keine Verfahren zu erwarten, mit denen man semantische Behauptungen an Hand eines begrenzten, überschaubaren Beweismaterials hätte prüfen können. Was Laienmeinungen über Variantenformen angeht – das, was Bloomfield (1944) als ›tertiäre Reaktionen‹ bezeichnet hatte, – so wurden diese völlig aus der Linguistik verbannt. »Das Evangelium des Linguisten«, so hieß es (Allen 1957, S. 14), »umfaßt jedes Wort, das aus dem Munde seines Informanten kommt – welcher, per definitionem, nichts Falsches sagen kann; dagegen ... muß prinzipiell alles, was der Informant über seine Sprache (im Gegensatz zu: in ihr) vorbringt, als falsch betrachtet werden.«

Heute brechen viele Linguisten aus diesen selbstauferlegten Beschränkungen des Gesichtskreises ihrer Wissenschaft aus. Gleichsam übersättigt vom Positivismus des vergangenen Jahrhunderts probieren die Linguisten eine mutigere Haltung mit einer viel weiterreichenden Verantwortlichkeit aus. Das unbearbeitete, begrenzte Korpus greifbarer Fakten hat seinen lähmenden Griff verloren. Das Interesse an der Bewertung vorkommender und nicht vorkommender Ausdrücke durch den Informanten hat die Syntax revolutioniert und in der Phonologie neue Perspektiven eröffnet. ›Tertiäre Reaktionen‹ haben der systematischen soziolinguistischen Analyse (Labov 1964, 1965) Platz gemacht, welche dabei ist, das Erbe der Junggrammatiker, das aus unnötigen Annahmen und falschen Meinungen über die Homogeneität von Dialekten und über die unbeobachtbare Natur des Lautwandels besteht, zu liquidieren. Die geistigen Gebilde, die die Linguistik jetzt entwickelt, um den Intuitionen und dem Verhalten der Sprachbenutzer gerecht zu werden, sind bereits abstrakter als die Konstruktionen des herkömmlichen Strukturalismus. Wenn man ihn mit den ›zugrundeliegenden Formen‹ und ›Variablen‹ vergleicht, die das neue Instrumentarium der Sprachbeschreibung und der Dialektforschung sind, dann sticht der Begriffsapparat, den die Semantik erfordert, nicht länger durch ein eklatantes Maß an Nicht-Objektivität hervor.

Auch eine frisch geweckte Neugier in bezug auf Universalien (vgl. Greenberg 1963) kündigt ein neues Zeitalter für die Semantik an. Jahrzehntelang wurde jede linguistische Verallgemeinerung durch Einschränkungen hinsichtlich der unendlichen Vielfalt der Sprache abgesichert. Das angemessene Verfahren bei der Definition von ›Sprache‹ war es, sie auf das bloße Knochengerüst der doppelten Artikulation und der Arbitrarität zu reduzieren. Heute sind die Linguisten dabei, ihre Suche nach einer weitaus reichhaltigeren Charakterisierung des Begriffs ›menschliche Sprache‹ wiederaufzunehmen, und es ist offensichtlich, daß in einer solchen Charakterisierung eine detaillierte Aussage über die speziellen Mechanismen des Zeichencharakters der Sprache einen hervorragenden Platz einnehmen wird.

Den neuen Möglichkeiten der Semantik entsprechen natürlich auch noch nie dagewesene Anforderungen an die Art und Weise der semantischen Forschung. Auch die Semantik muß sich der Forderung Chomskys nach Generativität gewachsen zeigen, das heißt dem Ideal völlig expliziter und buchstäblich anwendbarer Beschreibungen. Wenn eine semantische Theorie einer Sprache Rechenschaft sowohl über die Intuitionen der Sprachbenutzer als auch über deren tatsächlichen Output geben soll, dann muß der Bereich der Fertigkeiten, die von der Theorie erfaßt werden, mit großer Sorgfalt abgesteckt und die Art und Weise der Bestätigung oder Widerlegung von Beweisen für theoretische Ansprüche auf dem Gebiet der Semantik im voraus bestimmt werden. Weiterhin muß die Theorie der Semantik, wenn sie ein Verfahren zur Bewertung alternativer deskriptiver Aussagen liefern will, die Vergleichbarkeit solcher Aussagen sicherstellen, indem sie die genaue Form, in der die Aussagen gemacht werden, angibt.

In mehreren früheren Veröffentlichungen (vgl. die Bibliographie, S. 113) habe ich mich direkt oder indirekt mit der Frage der Form semantischer Aussagen und mit ihrem Zusammenhang mit der Lexikographie beschäftigt. Aber lexikographische Überlegungen sind noch nicht alles; eine voll entwickelte Theorie der Semantik muß garantieren, daß deskriptive Aussagen mit der Beschreibung der Grammatik einer Sprache in ihrer ganzen Tiefe vereinbar sind. Obwohl in den vorhin erwähnten Veröffentlichungen diese Frage nicht vergessen wurde, haben sie sich nicht mit ihr in ihrer ganzen Komplexität auseinandergesetzt. Es ist das eigentliche Ziel der vorliegenden Arbeit, die Möglichkeiten einer Theorie der Semantik zu erkunden, die in Übereinstimmung mit einer umfassenden und höchst expliziten Theorie der Sprachstruktur steht.[1]

Ein Versuch, dieses Ziel zu erreichen, wurde vor kurzem von Katz und Fodor (1963) unternommen. Die unmittelbare Wirkung ihrer Arbeit ist ein Beweis für ihre Bedeutung; sie wurde rasch in eine integrierte Theorie der Sprachbeschreibung (Katz und Postal 1964) eingebaut und entwickelte sich zu einer wesentlichen Triebkraft für grundlegende Veränderungen in der transformationellen Syntaxtheorie (Katz und Postal 1964, Chomsky 1965).[2] In mehrfacher Hinsicht sind jedoch die Vorschläge von Katz und Fodor (im folgenden KF genannt) unbefriedigend. Da eine Analyse dieser Unzulänglichkeiten eine Vorbedingung für die Entwicklung von Alter-

---

[1] Bei der Abfassung dieser Arbeit waren mir Diskussionen mit Erika C. García eine große Hilfe. Edward H. Bendix und William Labov entdeckten eine Reihe von Fehlern; beide haben viele nützliche Verbesserungsvorschläge gemacht, von denen leider einige wegen ihrer weitreichenden Konsequenzen nicht in die vorliegende Arbeit aufgenommen werden konnten. Die Forschungen, auf denen diese Abhandlung basiert, wurden zum Teil durch das National Institute of Mental Health (Public Health Service grant MH 05743) unterstützt.
[2] Chomskys Revisionen der syntaktischen Theorie sind in seinem Beitrag »Topics in the Theory of Generative Grammar« in *Current Trends in Linguistics III* zusammengefaßt. Meine Dankesschuld gegenüber Chomsky, die in dieser ganzen Abhandlung sichtbar ist, erstreckt sich selbstverständlich auf weit mehr als das Ausleihen einer ersten, unveröffentlichten Fassung seiner Monographie von 1965. Da seine *Aspects of the Theory of Syntax* noch nicht im Druck waren, als die vorliegende Arbeit zum Satz ging, mußten Seitenverweise entfallen. Nur die allerwichtigsten wurden in den Korrekturfahnen hinzugefügt.

nativvorschlägen[3] ist, ist Kapitel 2 dieser Arbeit einer kritischen Erörterung von KF gewidmet. In Kapitel 3 wird in Grundzügen eine semantische Theorie entwickelt, die zu einer befriedigenderen Konzeption der Linguistik insgesamt beitragen sollte. In den abschließenden Bemerkungen in Kapitel 4 werden die beiden Ansätze verglichen.

---

[3] Aus Platzgründen mußte mehr als beiläufiges Eingehen auf die ältere Literatur unterbleiben.

2. Die semantische Theorie KF – eine kritische Analyse

2.1 Reichweite und Komponenten

Nach KF ist es das Ziel einer semantischen Theorie, bestimmte Aspekte der menschlichen Sprachkompetenz zu erklären. Diese Sprachkompetenz umfaßt das Erzeugen und Verstehen von Ausdrücken unabhängig von dem nicht-verbalen Kontext, in dem sie vorkommen. Das Gebiet, das so für die Semantik abgesteckt ist, ist verhältnismäßig schmal; es schließt nicht die menschliche Fähigkeit ein, Gegenstände korrekt zu benennen, synthetisch wahre Aussagen von synthetisch falschen zu unterscheiden oder andere referentielle Aufgaben zu erfüllen. In dieser Hinsicht folgt KF der linguistischen Tradition und bewahrt die Untersuchung der Bedeutung vor den sterilen ›Reduktionen‹, die der Semantik in den letzten Jahrzehnten von philosophischen Theoretikern anderer Wissenschaften aufgezwungen wurden (vgl. Wells 1954; Weinreich 1968).

Aber welche Aspekte der Sprachkompetenz muß eine semantische Theorie erklären können? Programmatisch gesehen zielt sie auf nichts weniger als die Fähigkeit, Sätze zu interpretieren.

> »Eine semantische Theorie beschreibt und erklärt die interpretative Fähigkeit der Sprecher, [1.] indem sie ihre Sprachverwendung durch eine Bestimmung der Zahl und des Inhalts der Lesarten eines Satzes erklärt; [2.] indem sie semantische Anomalien feststellt; [3.] indem sie über Paraphrasenbeziehungen zwischen Sätzen entscheidet und [4.] indem sie jede andere semantische Eigenschaft oder Beziehung, die bei dieser Fähigkeit des Sprechers eine Rolle spielt, bezeichnet.« (KF, S. 176; die Zahlen in eckigen Klammern sind hinzugefügt.)

Bei näherer Betrachtung stellt sich heraus, daß das von KF behandelte Gebiet viel weniger weit gespannt ist. Zum Beispiel werden Paraphrasenbeziehungen [3.] nur flüchtig berührt,[4] und keine »andere semantische Eigenschaft oder Beziehung«, deren Erklärung unter [4.] versprochen

---

[4] Katz und Fodor (1963, S. 195). Der Begriff ›Paraphrase‹ wurde vielleicht deshalb nicht weiterentwickelt, weil Fodor (1961) und Katz (1961) hier nicht übereinstimmten. Vgl. auch die Diskussion von (85) und (86).

wurde, wird wirklich in dem Aufsatz behandelt.[5] Weiterhin kann die Theorie KF, wie wir später zeigen werden, den Inhalt der Lesarten eines Satzes nicht adäquat erfassen. In Wirklichkeit befaßt sich KF mit einem äußerst beschränkten Teil der semantischen Kompetenz, nämlich mit der Auffindung semantischer Anomalien und der Bestimmung einer Anzahl von Lesarten eines Satzes.

Zur Erreichung dieses Zieles nimmt KF für die semantische Beschreibung einer Sprache zwei Arten von Komponenten an: ein Wörterbuch und eine Menge von ›Projektionsregeln‹. Das Wörterbuch enthält Angaben über die Bedeutungen von Wörtern (oder andere geeignete Einträge), wobei jeder Eintrag im Prinzip polysem ist. Die Projektionsregeln[6] geben an, wie die Bedeutungen der Wörter bei der Zusammenfügung grammatischer Konstruktionen kombiniert werden, und besonders wie die Mehrdeutigkeit einzelner Wörter im Kontext aufgelöst wird. Um den Sachverhalt schematisch auszudrücken, wollen wir uns einen Satz vorstellen, der aus den Wörtern A+B+C besteht. Das Wörterbuch gibt zwei Bedeutungen für A, drei für B und drei für C. Wenn wir $2 \times 3 \times 3$ multiplizieren, ergibt sich, daß der Satz 18fach mehrdeutig sein müßte. In Wirklichkeit stellt sich aber heraus, daß der Satz vielleicht nur 3fach mehrdeutig ist. Die Hauptfunktion der Projektionsregeln ist es zu erklären, wie die Mehrdeutigkeit von 18 auf 3 reduziert wird. Der Grenzfall ist der, wo es keine Interpretation eines Satzes gibt, obwohl seine Komponenten isoliert alle wenigstens eine und möglicherweise mehrere Bedeutungen haben.

In einer idealen Semiotik betrachtet man Zeichen als die Verbindung von Ausdrücken mit Bedeutungen in einer Eins-zu-eins-Entsprechung; die Polysemie von Wörtern in natürlichen Sprachen ist nur eine seltsame Abweichung vom Modell. KF stimmt mit dem Trend der modernen Lexikographie darin überein, daß sie dieses Vorurteil ausschaltet und Polysemie als einen charakteristischen, ja sogar den am meisten untersuchungswürdigen Aspekt natürlicher Sprachen begreift (vgl. Weinreich 1963 b). KF stimmt mit der Tradition im Hinblick auf die Rolle des

---

[5] Katz allein nahm die Untersuchung weiterer Beziehungen in einem folgenden Aufsatz (Katz 1964 b) wieder auf. Vgl. die weiteren Erläuterungen in § 3.441.

[6] Diese seltsame Prägung beruht auf einer Anspielung darauf, daß ein Sprecher, um eine Sprache zu beherrschen, »die endliche Menge von Sätzen, denen er zufällig begegnet ist, auf die unendliche Menge von Sätzen der Sprache« (KF, S. 171) projizieren muß. Da jede Grammatikregel an diesem Projektionsmechanismus beteiligt ist, ist dieser Terminus nicht geeignet, seinen spezifischen Inhalt zu identifizieren. Wir schlagen dennoch keinen terminologischen Ersatz vor, da wir eine radikalere Revision der Theorie anstreben. (Vgl. besonders § 3.51.)

Kontexts positiv überein; immerhin war die Idee der kontextuellen Auflösung von Mehrdeutigkeiten sowohl bei den Junggrammatikern wie bei den Vertretern der deskriptiven Semantik ein Gemeinplatz.[7] Indem sie aber diesem Begriff einen so zentralen Platz zuweist, begeht die Theorie KF zwei Fehler. Erstens nimmt sie die offensichtliche Gefahr nicht zur Kenntnis, daß sich die Differenzierung von Unterbedeutungen im Wörterbuch unbegrenzt fortsetzen ließe. (Wir kommen auf diese Frage in § 2.25 zurück.) Zweitens sollte man annehmen, daß ein wissenschaftlicher Ansatz, der zwischen Sprachkompetenz (der Kenntnis einer Sprache) und Sprachverwendung (dem Gebrauch einer Sprache) unterscheidet, die automatische Auflösung potentieller Mehrdeutigkeiten als eine Angelegenheit des Höraktes (hearer performance)[8] betrachten müßte. Die Theorie KF erklärt nur die Bildung eines eindeutigen (oder weniger mehrdeutigen) Ganzen aus mehrdeutigen Teilen. Sie versucht nicht – und könnte es auch nicht –, Sätze zu erklären, von denen der Sprecher will, daß sie mehrdeutig sind. Insbesondere kann sie die Mehrdeutigkeit, die auftritt, wenn ein Satz grammatisch richtig und abweichend sein kann, nicht darstellen (z. B.: *She is well groomed* ›1. frisiert und angezogen; 2. mit Verehrern versorgt‹), da die Theorie eine Komponente enthält (die Projektionsregeln), die automatisch die grammatisch richtige Interpretation auswählt, vorausgesetzt, es gibt eine solche. Damit ist die Theorie zu schwach, um figurativen Gebrauch (mit Ausnahme ganz abgedroschener Wendungen) und viele Witze zu erklären. Ob semantische Theorien, die nur Sonderfälle der Rede erfassen können — nämlich humorlose, prosaische, banale Prosa –, einen Sinn haben, ist höchst zweifelhaft (Weinreich 1963a, S. 118).

Die Semantik könnte auch eine Seite aus dem Kanon der Grammatik nehmen. Denn auch die Grammatik einer Sprache erzeugt mehrdeutige Ausdrücke (z. B. *Boiling champagne is interesting*, *He studied the whole year*, *Please make her dress fast*). Aber jeder solche Satz, wenn auch mehrdeutig auf der Oberfläche, entspricht zwei klar geschiedenen eindeutigen Tiefenstrukturen. Seine Mehrdeutigkeit stammt aus dem Vorhandensein von Transformationsregeln, die identische Oberflächenergebnisse aus verschiedenen Quellen der Tiefenstruktur erzeugen, und aus der gleichzeitigen Existenz von Wörtern, die in einer doppelten syntaktischen Funktion auftreten (z. B. *boil* sowohl als transitives wie intransitives Verb). Doch von einer grammatischen Theorie wird nicht verlangt, daß

---

[7] Obwohl man davon bei der Lektüre von KF nichts erfährt. Vgl. die Literaturangaben in Weinreich (1963a, Anm. 48).
[8] Hierauf hat mich zuerst Edward H. Bendix hingewiesen.

sie erklärt, wie jemand, der solche mehrdeutigen Ausdrücke hört, darauf schließt, welche der beiden Tiefenstrukturen eine bestimmte Oberflächenstruktur repräsentiert. Auch ist der Zweck einer grammatischen Theorie nicht auf die Berechnung solcher Mehrdeutigkeiten beschränkt. Die vorrangige Beschäftigung von KF mit der Auflösung von Mehrdeutigkeiten scheint eine völlig ungerechtfertigte Verschwendung von Anstrengungen zu sein. Semantische Theorien können und sollen in der Art ihrer Formulierung garantieren, daß Tiefenstrukturen (einschließlich ihrer lexikalischen Komponenten) zunächst als eindeutig festgestellt werden (vgl. § 3.1) und daß sie, von da aus weitergehend, die Interpretation eines komplexen Ausdrucks aus den bekannten Bedeutungen seiner Komponenten erklären.

2.2 Wörterbucheinträge

Wenn die Wörterbucheinträge Gegenstand einer formalen Berechnung (mit einem Apparat von der Art der ›Projektionsregeln‹) sein sollen, dann müssen sie in einer sorgfältig kontrollierten Form gegeben sein.[9] KF schlägt die folgende Normalform vor: jeder Eintrag enthält (1.) eine syntaktische Kategorisierung, (2.) eine semantische Beschreibung und (3.) eine Angabe über Beschränkung bei seinen Vorkommen. Die syntaktische Kategorisierung (1.) besteht aus einer Folge von ein oder mehr ›syntaktischen Markern‹ wie ›Nomen‹, ›Nomen konkret‹, ›Verb → Verb transitiv‹ usw. Die semantische Beschreibung (2.) besteht aus einer Folge von semantischen Markern und, in manchen Fällen, einem semantischen Distinktor. Semantische Marker enthalten diejenigen Elemente der Bedeutung eines Eintrags, die von der Theorie erklärt werden. Die semantischen Marker sind diejenigen Bedeutungselemente, auf die die Projektionsregeln wirken und damit die Mehrdeutigkeit auflösen; sie sind daher die Elemente, mit deren Hilfe der anomale, widersprüchliche oder tautologische Charakter eines Ausdrucks dargestellt wird. Die Polysemie eines Eintrags erscheint normalerweise als eine Verzweigung im Pfad von semantischen Markern (SmM), z. B.:

$$(1) \qquad \text{SmM}_1 \to \text{SmM}_2 \nearrow^{\text{SmM}_3}_{\searrow \text{SmM}_4}$$

Entsprechend wird die Auflösung der Mehrdeutigkeit als die Auswahl eines bestimmten Pfades (z. B. $\text{SmM}_1 \to \text{SmM}_2 \to \text{SmM}_4$) aus einer Reihe von Alternativen dargestellt. Der Distinktor enthält alle übrigen Aspekte der Bedeutung eines Eintrags – nämlich diejenigen, die bei der Berechnung der Auflösung der Mehrdeutigkeit keine Rolle spielen. Die Selek-

---

[9] Zu anerkannten Formen lexikographischer Definition vgl. Weinreich (1962, S. 31 ff.).

8

tionsbeschränkungen (3.) am Ende eines Eintrags (oder, im Falle von polysemen Einträgen, am Ende jedes einzelnen alternativen Pfades) spezifizieren den Kontext, in dem der Eintrag legitimerweise vorkommen kann. Der Kontext eines Eintrags W wird mit Hilfe von syntaktischen und semantischen Markern beschrieben, entweder positiv (d. h. mit Markern, die in den Pfaden der Einträge im Kontext von W erscheinen müssen) oder negativ (d. h. mit Markern, die in den Pfaden der Kontexteinträge nicht erscheinen dürfen). Die Selektionsbeschränkung bezieht sich aber natürlich nicht auf die Distinktoren, da diese definitionsgemäß bei den Distributionsmöglichkeiten des Wortes keine Rolle spielen.

Irgendwann im Verlauf des generativen Prozesses müßte dann auch die phonologische Form der Wörter eines Satzes spezifiziert werden. Das Fehlen eines solchen Schrittes in der Theorie KF geht wahrscheinlich darauf zurück, daß sie von einer früheren Auffassung der Sprachtheorie insgesamt abhängig ist, in der eine semantische Komponente nicht vorgesehen war und in welcher die Grammatik als Subkomponente ein Lexikon enthielt, das die phonologische Form und die syntaktische Kategorie jedes Wortes angab. In einer vollständigen Theorie ist das Vorhandensein eines Lexikons, das nicht zum Wörterbuch gehört, ein absurdes Überbleibsel, das sich aber ohne Schwierigkeiten beseitigen läßt.[10] Wir übergehen deshalb diesen Punkt und greifen die Konzeption normaler Wörterbucheinträge in KF im einzelnen auf.

2.21 Die Form der syntaktischen Marker

Der theoretische Status der syntaktischen Marker in KF ist nicht klar. Es ist wohl nicht falsch anzunehmen, daß es die Funktion des syntaktischen Markers SxM_i ist sicherzustellen, daß alle Einträge, die diesen Marker haben, und nur diese, an den Stellen eines syntaktischen Rahmens, die durch das kategoriale Symbol SxM_i identifiziert sind, eingeführt werden können.[11] In diesem Fall entspräche die Menge der syntaktischen Marker eines Wörterbuchs genau der Menge der kategorialen Endsymbole oder der lexikalischen Kategorien (im Sinne von Chomsky 1965) einer bestimmten Grammatik.

---

[10] Katz und Postal (1964, S. 161) postulieren ein ›Lexikon‹ (das vom Wörterbuch verschieden ist!), welches offenbar die phonologische Form der Morpheme spezifiziert. Chomsky (1965) läßt die zugrunde liegende phonologische Gestalt der Morpheme von derselben Komponente – dem Lexikon – spezifizieren wie die syntaktischen Merkmale.

[11] Durch eine Ersetzungsregel nach der frühen generativen Grammatik (z. B. Lees 1960) oder durch eine Substitutionstransformation nach Chomsky (1965).

In KF ist impliziert, daß diese Menge von Kategorien dem Lexiko-graphen vom Grammatiker geliefert wird. Tatsächlich wurde aber eine vollständige Grammatik, die diesen Forderungen entspricht, bis jetzt noch nicht geschrieben. Im Gegenteil: seit dem Erscheinen von KF hat ein Übermaß willkürlicher Entscheidungen bei der grammatischen Analyse syntaktische Theoretiker (einschließlich Katz) dazu geführt, die Möglich-keiten einer vollständigen Theorie der Beschreibung zu erforschen, bei der die semantische Komponente nach Anhaltspunkten für die Aufstellung syntaktischer Subkategorien untersucht wird (Katz und Postal 1964; Chomsky 1965). Doch bevor wir uns mit den entscheidenden Fragen der Rechtfertigung bestimmter syntaktischer Züge befassen können, soll-ten wir einige Probleme der Darstellung betrachten – Probleme, die die Form dieser Züge betreffen.

Im allgemeinen ist der Umfang und die Zahl der lexikalischen Kate-gorien (der traditionellen Wortklassen) von der Tiefe oder ›Feinheit‹ (›delicacy‹) der syntaktischen Subkategorisierung abhängig. (Der Terminus ›delicacy‹ geht auf Halliday 1961 zurück.) Angenommen eine Kategorie A wird in B und C subkategorisiert. Dies läßt sich oberflächlich durch eine Formel wie (2 i) zeigen; ein lateinisches Beispiel wäre ›Deklinabel‹ sub-kategorisiert in ›Substantiv‹ und ›Adjektiv‹. Jedoch ist der spezielle Sachverhalt der Subkategorisierung selbst daraus nicht ersichtlich. Explizit gemacht ist er nur entweder in (2 ii) oder in (2 iii). In (2 ii) ist $A_1 = B$ und $A_2 = C$; in (2 iii) stellen $[+ F]$ und $[- F]$ Werte eines variablen Merkmals[12] dar, das die Spezies B und C des Genus A differenziert. (Ein Beispiel wäre ›Nomen‹ subkategorisiert in ›Nomen substantivum‹ und ›Nomen adiectivum‹.) Die Merkmalnotation wurde in der Phonologie entwickelt und ist vor kurzem von Chomsky (1965) auf die Syntax angewandt worden.[12a]

(2) (i) (ii) (iii)

$$A \rightarrow \begin{Bmatrix} B \\ C \end{Bmatrix} \qquad A \rightarrow \begin{Bmatrix} A_1 \\ A_2 \end{Bmatrix} \qquad A \rightarrow A + \begin{Bmatrix} [+ F] \\ [- F] \end{Bmatrix}$$

---

[12] Ein Merkmalsymbol unterscheidet sich von einem Kategoriensymbol dadurch, daß es nicht selbständig ein Segment der Oberflächenkette in einer Derivation dominiert; mit anderen Worten: es wird nie durch ein einzelnes lautliches Segment repräsentiert.

[12a] Chomsky hat mir mitgeteilt, daß die Idee, Merkmale zu benutzen, zuerst um 1957 von G. H. Matthews vorgeschlagen und unabhängig davon bis zu einem gewissen Grad von Robert P. Stockwell und seinen Studenten ausgearbeitet wurde.

Einzelne globale syntaktische Marker würden impliziten Notationen wie (2 i) entsprechen, Folgen von elementaren Markern dagegen einer Merkmalnotation wie (2 iii). Das Vorgehen von KF ist in dieser Hinsicht eklektisch. Die Folge von Markern ›Verb → Verb transitiv‹ für den Beispieleintrag *play* entspricht dem Prinzip (2 iii); der Marker ›Nomen konkret‹ scheint dem am wenigsten aufschlußreichen Prinzip (2 i) zu folgen.[13] Sicher sind die Beispiele in KF nur als Näherungslösungen gedacht, aber sie sind erstaunlich anekdotenhaft, gemessen am Umfang unseres Wissens über die englische Syntax; schlimmer ist aber, daß sie miteinander nicht übereinstimmen.

Eine aufschlußreiche Notation für die Syntax hat sicher wenig Verwendung für globale Kategorien, und wir können erwarten, daß auch für die syntaktischen Marker von Wörterbucheinträgen in normaler Form nur eine Notation mit Merkmalen von Nutzen ist. In unserer weiteren Diskussion werden wir annehmen, daß bei einer Überarbeitung in KF alle syntaktischen Marker durch Folgen, die Subkategorisierung ausdrükken, ersetzt worden wären.

Angenommen, wir fassen einen syntaktischen Marker als eine Folge von Symbolen auf (wobei das erste ein Kategoriensymbol und die anderen Merkmalsymbole wären); und weiter angenommen, das Wörterbuch enthält Einträge, die aus teilweise ähnlichen Ketten bestehen wie z. B. (3):

(3)

(i) *land* → Nomen → Zählbar → nichtBelebt → … (= Land)
     land → Nomen → nichtZählbar → Konkret → … (= Grundbesitz)

(ii) *cook* → Nomen → Zählbar → Belebt → …
     cook → Verb → …

Diese teilweise Ähnlichkeit ließe sich explizit als eine sich verzweigende Folge darstellen wie in (4):

(4)   (i) *land* → Nomen $\nearrow$ Zählbar → nichtBelebt → …
                              $\searrow$ nichtZählbar → Konkret → …

          (ii) *cook* $\nearrow$ Nomen → Zählbar → Belebt → …
                       $\searrow$ Verb → …

Doch diese Notation, die in KF vorgeschlagen wird, unterscheidet nicht zwischen zufälliger Homonymie und lexikologisch interessanter Polysemie, denn sie würde auch Einträge wie (5) erzeugen:

(5)   *rock* $\nearrow$ Nomen → Zählbar → nichtBelebt → …   (= ›Felsen‹)
                $\searrow$ Verb → …   (= ›schaukeln‹)

---

[13] Wir interpretieren ›Nomen konkret‹ als einen globalen Marker, da er nicht als eine Zerlegung aus einem Marker ›Nomen‹ dargestellt wird.

KF müßte deshalb wenigstens durch eine Forderung erweitert werden, daß verschmolzene Einträge mit Verzweigung von syntaktischen Markern nur dann zugelassen werden, wenn die Pfade bei irgendeinem semantischen Marker wieder zusammenlaufen; d. h. nur dann, wenn der Wörterbucheintrag explizit zeigt, daß die Bedeutungen der Einträge wie in (6) miteinander in Verbindung stehen.[14] Aber solche provisorischen

$$(6) \quad adolescent \overset{\nearrow \text{Nomen} \searrow}{\searrow \text{Adjektiv} \nearrow} \text{(Menschlich) (nichtErwachsen) (nichtKind)}$$

Korrekturen sind, obwohl sie durchführbar wären, immer noch nicht geeignet, Klassenverschiebungen vom Typ *to explore* – *an explore, a package* – *to package* als einen (teilweise) produktiven Prozeß darzustellen: denn das KF-Wörterbuch müßte alle Formen, die die Seprecher der Sprache beliebig bilden können, speichern. In § 3.51 werdenw ir auf eine Theorie zurückkommen, die in der Lage ist, diese Fähigkeit adäquat darzustellen.

2.22 Semantische und syntaktische Marker

Das Vorhandensein von syntaktischen und semantischen Markern mit den gleichen Namen (Männlich, Weiblich, Abstrakt usw.) gibt auf den ersten Blick begründeten Anlaß für den Verdacht, daß die Unterscheidung zwischen semantischen und syntaktischen Markern – eine Unterscheidung, die für die Theorie KF von zentraler Bedeutung ist (S. 208ff.; vgl. auch § 4.1) – schlecht fundiert ist. Wir wollen zunächst die Funktionen dieser in der Theorie mutmaßlich getrennten Typen von Elementen vergleichen.

Die Funktion der semantischen Marker in KF ist es, diejenigen Komponenten der Gesamtbedeutung eines Wörterbucheintrags auszudrücken, die von der Theorie erklärt werden; genauer gesagt, sie drücken diejenigen Elemente der Wortbedeutung aus, auf die die Projektionsregeln einwirken. Somit sind die semantischen Marker von Wörtern diejenigen Elemente, die, nachdem sie richtig durch die Projektionsregeln (vgl. § 2.3) amalgamiert worden sind, eine Interpretation des Satzes ergeben, welche eindeutig, *n*-fach mehrdeutig oder anomal ist. Ein allgemeines Kriterium der Ökonomie würde vermutlich erfordern, daß es so wenig Marker (unteilbare Einheiten) wie möglich gibt. Daher sollte sich der Forscher

---

[14] Dennoch gibt es ernsthafte Probleme bei der Festlegung des Punktes des Wiederzusammenlaufens, der ›niedrig‹ genug sein muß, d. h. daß z. B. *file* ›Aktenordner‹ und *file* ›Feile‹ bloße Homonyme sind, obwohl sie vielleicht einen semantischen Marker (Physisches Objekt) gemeinsam haben. Dieses wichtige Problem ist in KF nicht ins Auge gefaßt, obwohl die Beispiele dort alle relevant sind (Polysemie). Vgl. die zusätzlichen Erläuterungen in Weinreich (1963 a, S. 143).

bemühen, Marker nur dann hinzuzufügen, wenn die Unterlassung dazu führen würde, daß Mehrdeutigkeiten oder Anomalien von Sätzen nicht bezeichnet werden können. Das Grundprinzip würde wohl sein, daß kein semantischer Marker im Pfad eines Wörterbucheintrags auftauchen sollte, der nicht ebenso in den Selektionsbeschränkungen von wenigstens einem anderen Eintrag erscheint.[15]

Wir wollen ein Beispiel betrachten. Angenommen, der Unterschied zwischen den Nomina $ball_1$ ›Tanzgesellschaft‹ und $ball_2$ ›Kugel‹ wäre mit Hilfe von Distinktoren ausgedrückt. Dann könnte die Theorie weder die Mehrdeutigkeit des Satzes (7 i) erklären noch die Anomalie von (7 ii) oder (7 iii) bezeichnen. Daher muß das Wörterbuch durch die Hinzufügung von geeigneten semantischen Markern wie (Ereignis) und (Objekt) berichtigt werden. Wie wir nun bereits bei (2) gesehen haben, ist die Hinzufügung eines Markers (= Merkmal) gleichzusetzen mit einem Schritt der Subkategorisierung.

(7)   (i) *I observed the ball.*
      (ii) *I attended the $ball_2$.*
      (iii) *I burned the $ball_1$.*

Was führt nun einen Linguisten dazu, die Subkategorisierung in der Syntax noch zu verfeinern?[16] Es stellt sich heraus, daß die Gründe genau die gleichen sind wie die in der Semantik: ein Schritt in der Subkategorisierung wird dann getan, wenn die Unterlassung dieses Schrittes dazu führen würde, daß die Grammatik a) ungrammatische Ausdrücke oder b) mehrdeutige Sätze erzeugt.

a) Angenommen, eine Grammatik des Englischen enthielte die folgenden Regeln:

(8)   (i) $S \rightarrow NP + VP$
      (ii) $VP \rightarrow V + (NP)$
      (iii) $NP \rightarrow$ *Tom, Bill*
      (iv) $V \rightarrow$ *liked, waited*

---

[15] Die Bezeichnung von Mehrdeutigkeiten ohne Rücksicht auf ihre Auflösung ist kein ausreichendes Kriterium, da sich eine Mehrdeutigkeit viel ökonomischer bezeichnen läßt, wenn die Distinktoren nach dem letzten semantischen Marker verzweigt werden. Überdies läßt sich mit der Theorie KF nur die Fähigkeit des Sprechers, Sätze zu interpretieren, erklären, nicht aber eine Kritik an Wörterbüchern durchführen. KF deutet eine ›Optimierung der Ökonomie im System‹ an, aber geht auf diese faszinierende Idee nicht weiter ein.

[16] Die Frage der Subkategorisierung wurde, sogar in der vortransformationellen Syntax, wenig beachtet. Vgl. Cholodovič (1960).

Diese Regeln würden nicht nur *Tom liked Bill* und *Tom waited* erzeugen, sondern auch **Tom liked* und **Tom waited Bill*. Um dieses letztere, unerwünschte Ergebnis zu verhindern, müssen wir die Regeln (8 ii) und (8 iv) umformulieren, damit sie eine Subkategorisierung zeigen, z. B.:

$$(8') \qquad (ii)\ \text{VP} \to \left\{ \begin{array}{l} V_t + NP \\ V_i \end{array} \right\}$$

$$(iv)\ V_t \to liked$$
$$V_i \to waited$$

Die Hinzufügung des syntaktischen Markers t und i entspricht in Form und Anlaß der Hinzufügung von (Ereignis) und (Objekt), indem sie Ausdrücke wie (7 iii) ›I burned the gala affair‹ verhindert (= als anomal bezeichnet).

b) Angenommen, eine englische Grammatik würde VPs zulassen, die aus ›Kopula + Nomen‹ bestehen, und *fat* wäre ein ›Nomen‹. Dies würde Sätze wie *This substance is fat* zulassen, ohne ihre Mehrdeutigkeit aufzuzeigen. Ein Grund[17] für die Subkategorisierung von ›Nomen‹ in Substantiv und Adjektiv wäre es, diese Mehrdeutigkeit zu bezeichnen. Dies entspricht genau der Einführung von Markern zum Aufzeigen der Mehrdeutigkeit von (7 i).

Die typischen Beispiele für syntaktische Mehrdeutigkeit sind von ›bifokaler‹ Art, z. B. *The statistician studies the whole year* oder *He left his car with his girl friend*. Das heißt: wenn eine ungenügend feine Subkategorisierung wie in (9) derartig verfeinert werden sollte, daß die

(9)

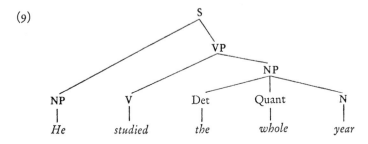

Mehrdeutigkeit offenbar wird, so müßten z w e i zusammenhängende Korrekturen vorgenommen werden: Verben müßten in transitive und

---

[17] Es gibt auch andere Gründe. Zum Beispiel müssen wir auch die Aufspaltung von *fat* in *it looks fat$_1$* und *it looks like fat$_2$* zeigen, um die Bildung von **This one is fat$_2$ter* und **We have to select the right fat$_1$s* zu verhindern.

intransitive aufgespalten werden und NPs müßten entsprechend aufgespalten werden in Objekte, die von VP dominiert sind, und in adverb-
ähnliche Temporale. Die große Seltenheit unifokaler Mehrdeutigkeiten
in der Grammatik – sogar in Sprachen mit einer sehr armen Morphologie
(vgl. Chao 1959) – gibt selbst schon einen interessanten Einblick in den
allgemeinen Aufbau der Sprache. Dennoch gibt es unifokale syntaktische
Mehrdeutigkeiten, so wie es bifokale semantische gibt.[18]

In KF wird gefragt, ob »die Grenze zwischen grammatischen und
semantischen Markern mit Hilfe der theoretischen Funktion, die sie
haben, gezogen werden kann« (S. 209), und es wird der Schluß gezogen,
daß ein Kriterium vorhanden ist: »grammatische Marker bezeichnen die
formalen Unterschiede, auf denen die Unterscheidung zwischen wohlgeformten und ungrammatischen Ketten von Morphemen beruht, dagegen
haben semantische Marker die Funktion, jeder wohlgeformten Kette den
begrifflichen Inhalt zu geben, der es ermöglicht, sie mit Hilfe der Bot-
schaft, die sie Sprechern in normalen Situationen mitteilt, darzustellen«.[19]
Aber diese Schlußfolgerung weicht der eigentlichen Fragestellung aus; wie
wir gesehen haben, bleibt die Unterscheidung zwischen grammatischen
und semantischen Anomalien unerklärt. Statt sie zu beseitigen, wird die
Verwirrung, die »in der Erforschung der Sprache durch die Suche nach
einer Grenze zwischen Grammatik und Semantik hervorgerufen worden
ist«, durch den verdeckten Zirkelschluß in der Argumentation von KF
nur vergrößert.

Die einzige Frage in KF, auf welche die ›metatheoretische‹ Unterscheidung zwischen syntaktischen und semantischen Markern einen entscheidenden Einfluß hat, ist das Problem der Marker beider Art, die
›zufällig‹ die gleichen Benennungen haben. Es wird z. B. vorgeschlagen,
daß *baby* semantisch als (Menschlich), aber grammatisch als nicht-
Menschlich (daher wird es mit *it* pronominalisiert) markiert wird, wogegen
ship in der umgekehrten Weise behandelt wird. Das Problem wird jedoch
seit dem Altertum rein grammatisch gelöst, entweder mit Hilfe von
gemischten Genera oder durch doppelte Genuszugehörigkeit.[20] Außerdem
ist es unwahrscheinlich, daß die Markierung von *baby* als (Menschlich)
semantische Probleme lösen würde, da man das meiste, was man Menschen zuschreiben kann, die keine Babys sind, ebensowenig Babys zu-

---

[18] Wenn man *throw* als mehrdeutig nimmt (›1. werfen; 2. prächtig arrangieren‹)
und die oben besprochene Polysemie von *ball* in Betracht zieht, so zeigt sich
eine bifokale Mehrdeutigkeit in *She threw a ball*. Ein anderes Beispiel ist
He arranged the music (Weinreich 1963 a, S. 143).
[19] Zitiert nach S. 518 der verbesserten Auflage (1964).
[20] Zum Beispiel Hockett (1958, S. 232 f.). Zum Genus vgl. auch Anm. 100.

schreiben kann wie Tieren (d. h. Nicht-Menschlichen): ist *The baby hates its relatives* weniger seltsam als *The kitten hates its relatives*? Am wichtigsten ist jedoch, daß man mit dieser Lösung die Bezugnahme (vor allem von Männern) auf liebevoll behandelte Gegenstände mit Hilfe von *she* nicht als einen produktiven Prozeß darstellen kann. Es ist eine offenkundige Tatsache, daß man im Englischen auf jedes physische Objekt mit Hilfe von *she* Bezug nehmen kann, wodurch eine besondere semantische Wirkung erzielt wird. (Zu einem Vorschlag, wie ein solcher Prozeß in eine Theorie eingebaut werden kann, vgl. § 3.51.)

Um es zusammenzufassen: Wir haben gesehen, daß die Unterscheidung von KF zwischen syntaktischen und semantischen Markern nicht, wie behauptet, auf den Funktionen dieser Einheit beruht. Die einzige verbleibende Möglichkeit ist, daß die Unterscheidung auf dem Inhalt beruht. So kann z. B. behauptet werden, daß die semantischen Marker einen denotativen Inhalt haben, der dagegen den syntaktischen Markern fehlt. Aber dies würde dem Sinn der ganzen Untersuchung zuwiderlaufen, der darin liegt, innersprachliche semantische Erscheinungen ohne Bezugnahme auf außersprachliche Korrelationen zu erklären (§ 2.1). So bleibt nur der Schluß, daß, wenn die formale Linguistik nicht völlig aufgegeben werden soll, der Unterschied zwischen semantischen und syntaktischen Markern, wie er in KF behauptet wird, nicht existiert.

2.23 Semantische Marker und semantische Distinktoren

Der Wunsch, eine globale Bedeutung in Komponenten zu zerlegen und eine Hierarchie innerhalb der Komponenten aufzustellen, war immer schon einer der wichtigsten Beweggründe für die semantische Forschung. Ein Kriterium für die Hierarchisierung war die Herauslösung der Bezeichnung oder Konnotation (›lexikalische Bedeutung‹ bei Hermann Paul, ›distinktive Züge‹ bei Bloomfield) zur Erforschung durch die Linguistik, während die ›bloße‹ Referenz oder Denotation (›okkasionelle‹ Bedeutung nach Paul) in ein anderes Gebiet verbannt wurde.[21] Ein weiteres Kriterium, zur Unterscheidung der Elemente der Bezeichnung, wurde in Untersuchungen derjenigen Gebiete des Wortschatzes benutzt, die sich als Taxonomien darstellen lassen: in einer Klassifizierung wie (10) unterscheiden sich Merkmale, die auf der untersten Stufe eingeführt werden (*a*, *b*, ... *g*), von den nicht-terminalen Merkmalen (1, 2; A) dadurch, daß jedes nur einmal vorkommt.

---

[21] Vgl. die Literaturangaben in Weinreich (1963 a, S. 152 f.) und die Kritik an Webster's New International Dictionary, 3rd edition, in Weinreich (1964) wegen der Vernachlässigung dieser Unterscheidung.

(10)

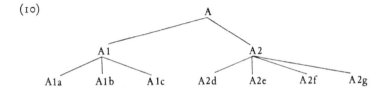

Die Hierarchisierung semantischer Merkmale in Marker und Distinktoren in KF scheint keinem der konventionellen Kriterien zu entsprechen; die Erörterung dieses Punktes ist allerdings weit davon entfernt, klar zu sein. Von den Markern wird gesagt, daß sie »alle systematischen Beziehungen, die zwischen einem einzelnen Wort und dem ganzen übrigen Vokabular der Sprache bestehen, widerspiegeln«, während Distinktoren »keine theoretischen Beziehungen eingehen«. Nun können Distinktoren weder Merkmalen der Denotata entsprechen, da die Denotata von der Theorie überhaupt nicht erfaßt werden, noch können sie den Merkmalen der untersten Ebene einer Taxonomie entsprechen, da diese – z. B. die Merkmale $(a, b, \ldots g)$ in einem Vokabular wie (10) – ganz eindeutig eine theoretische Beziehung e i n g e h e n. Obwohl sie einmalig sind, unterscheiden sie allein die koordinierten Spezies der Genera A1 und A2.

Der ganze Begriff des Distinktors scheint auf unsicherem Boden zu stehen, wenn man bedenkt, daß es für den, der eine Sprache beschreibt, keine begründete Möglichkeit gibt zu entscheiden, ob einer bestimmten Folge von Markern ein Distinktor angehängt werden sollte oder nicht. Eine solche Entscheidung würde eine Wörterbuchdefinition voraussetzen, die mit Sicherheit stimmt, und der kritische Semantiker würde dann nur aufgeführte Merkmale in Marker und einen Distinktor sortieren. Aber dies hieße wiederum nur der eigentlichen Fragestellung ausweichen, vor allem im Hinblick auf die nur allzu bekannte anekdotenhafte Natur der vorhandenen Wörterbücher (Weinreich 1962, 1964). Alle Erwägungen in KF, die die detaillierte ›Geometrie‹ von Distinktoren betreffen, sind ähnlich unbegründet, denn die Theorie bietet keine Anhaltspunkte dafür, daß man z. B. zwischen (11 i) oder (11 ii) als der korrekten Angabe einer Bedeutung wählen kann. (SmM$_n$ steht für den letzten semantischen Mar-

(11)

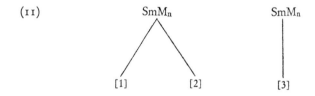

ker in einem Pfad, Zahlen in eckigen Klammern symbolisieren Distinktoren.)

Alle Regeln in KF, die Operationen mit Distinktoren betreffen (z. B. die ›Löschungsklausel‹ für gleiche Distinktoren, S. 198), sind ebenso nichtssagend.

Die Theorie der Distinktoren wird weiter geschwächt, wenn wir erfahren (KF, Anm. 16), daß »sich bestimmte semantische Beziehungen zwischen lexikalischen Einheiten durch Wechselbeziehungen zwischen ihren Distinktoren ausdrücken lassen«. Obwohl dies der eben zitierten Definition widerspricht, könnte man immer noch vermuten, daß in einer Erweiterung des Systems einige besondere Beziehungen spezifiziert würden, die die Distinktoren charakterisieren. Aber der ganze Entwurf bricht völlig in sich zusammen in Katz' eigenem Aufsatz (1964 b), wo sich Widersprüchlichkeit – eine Relation, die mit Hilfe von Markern entwickelt wurde – in dem Satz *Red is green* aus Distinktoren ergibt![22] Hier hat die Inkonsequenz vernichtende Ausmaße erreicht. Keine Neuklassifizierung ad hoc von Farbunterschieden als Marker kann die Theorie retten, denn j e d e s Wort in einer Sprache könnte so zur Erzeugung anomaler Sätze benutzt werden (vgl. § 3.441).

2.24 Pfade und Selektionsbeschränkungen

KF sieht vor, daß an die terminalen Elemente jedes Pfades eine Kette aus syntaktischen oder semantischen Markern oder aus beiden angefügt wird. Es ist die Funktion dieser Kette, Bedingungen für die nicht-anomale Verwendung des Wortes in derjenigen Bedeutungen, die dieser Pfad darstellt, anzugeben. Zum Beispiel würde die Anfügung ⟨(ästhetisches Objekt)⟩ am Ende eines der Pfade für *colorful* anzeigen, daß das Adjektiv in dem Sinn, der diesem Pfad entspricht, ohne Anomalie als Bestimmungswort nur auf solche substantivischen Grundwörter anwendbar ist, die den Marker (ästhetisches Objekt) in ihren Pfaden enthalten.

Auch dieser Teil von KF ist mit offenbar unüberwindlichen Schwierigkeiten beladen. Nehmen wir den Fall des Adjektivs *pretty*. Es scheint auf Unbelebtes und, bei Belebtem, auf Weibliches anwendbar zu sein. Wenn seine Selektionsbeschränkung angegeben würde als ⟨(Unbelebt) ∨ (Belebt) + (Weiblich)⟩,[23] würde die Normalität von *pretty girls* ebenso

---

[22] »Es gibt *n*-Tupel von lexikalischen Einheiten, die im Hinblick auf Distinktoren antonym sind« (Katz 1964 b, S. 532).

[23] Wenn Weiblich notwendigerweise Belebt impliziert, ließe sich die Notation natürlich vereinfachen; vgl. Katz und Postal (1964, S. 16f.). Vgl. aber § 4.3 zu den theoretischen Implikationen solcher Vereinfachungen.

18

erklärt werden wie die Anomalie von *pretty boys,* da *girls* den Marker
(Weiblich) in seinem Pfad hat und *boys* nicht. Aber wir können auch
pretty children ohne Anomalie sagen, obgleich *child* nicht (Weiblich) in
seinem Pfad enthält; mehr noch, Englischsprechende werden vom Attribut
auf das Geschlecht des neutralen *children* schließen, und eine Theorie der
›interpretativen Fähigkeit der Sprecher‹ muß diese Schlußfolgerung erklären. Eine Möglichkeit dafür wäre, die Selektionsbeschränkung sorg-
fältiger neu zu formulieren, z. B. als $\langle$(Unbelebt) $\vee \sim$ (Männlich)$\rangle$, das zu
lesen ist als: aussagbar von Unbelebtem und nicht-aussagbar von Männ-
lichem. Dies würde erklären, warum *pretty children* nicht anomal ist,
aber es würde noch nicht zeigen, wie wir darauf schließen, daß die Kinder
Mädchen sind, da die Projektionsregeln nur kontrollieren, ob die Bedingungen für die Selektionsbeschränkung erfüllt sind, aber keine Information von der Stelle in Spitzklammern zu den amalgamierten Pfaden übertragen. Außerdem ist der Fall Weiblich $= \sim$ Männlich wahrscheinlich in ganz atypischer Weise insofern ein positiver Sonderfall, als
wir zwei Werte eines Merkmals haben, die ein großes Gebiet in relevanter
Weise aufspalten. Wenn dagegen *addled* in seiner Selektion als beschränkt
auf Eier und Hirn markiert werden sollte, so ließe sich die Beschränkung
wohl nicht mit Hilfe von eingeführten Markern (ohne Distinktoren) angeben. Und wieder würde uns eine Erklärung dafür fehlen, woher wir
wissen, daß in *It's addled* das von *it* Bezeichnete ein Ei oder Hirn ist.
Hier wäre eine Beschränkung mit Hilfe einer negativen Charakterisie-
rung, z. B. $\langle \sim [(\sim$ Eier) $\vee (\sim$ Hirn)]$\rangle$, eine unerträgliche ad-hoc-Lösung.

Zwei Alternativen können in Betracht gezogen werden. Die eine wäre,
›Konstruierbarkeit mit Z‹ als ein inneres Merkmal eines Wörterbuch-
eintrags W (d. h. des ›Pfads‹ von W) zu betrachten und nicht als eine
Angabe außerhalb des Pfades. Die andere ist, eine wirksamere Konzeption
des semantischen Interpretationsprozesses anzunehmen, bei der Merkmale
der Selektionsbeschränkung eines Wortes Z in den Pfad eines anderen
Wortes W übertragen werden, wenn es mit Z eine Konstruktion eingeht.
Dies ist die Lösung, die von Katz und Postal (1964, S. 83) für einen
speziellen Zweck (vgl. § 3.51 c) gewählt wurde, und es ist die generelle
Lösung, die wir in § 3.3 entwickeln werden. Doch was KF betrifft, kann
man wohl unbedenklich den Schluß ziehen, daß die Unterscheidung
zwischen Pfaden und Selektionsbeschränkungen ebenso unhaltbar ist wie
die anderen Einzelangaben über den Aufbau von Wörterbucheinträgen.

Bevor wir den Begriff der Projektionsregeln in KF einer Kritik unterziehen, müssen wir noch weiter das algebraische System der Wörterbucheinträge betrachten.

Wenn ein Wörterbucheintrag, der als paradigmatischer Baum aufgefaßt wird, die Form (12 i) hat, wobei A, B, C, D, E und F semantische Merkmale sind, dann gibt es keinen Einwand gegen eine Neuformulierung wie in (12 ii) (vorausgesetzt, die Konvention wird beibehalten, daß alle solche

(12)   (i)   (ii)

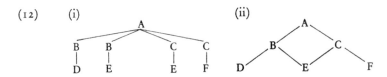

Bäume ›nach unten‹ gelesen werden). Wir haben bereits solche Fälle eines Wiederzusammenlaufens im semantischen Pfad nach der Verzweigung im syntaktischen Pfad angedeutet, und viele Beispiele für ein ausschließlich semantisches Wiederzusammenlaufen bieten sich wie in (13):

(13) $fox \rightarrow$ (Objekt) $\rightarrow$ (Belebt) $\nearrow$ (Mensch) $\searrow$ (Listig) $\rightarrow \ldots$
                                        $\searrow$ (Tier) $\rightarrow \ldots$ $\nearrow$

Dabei kann man jedoch feststellen, daß es keine a priori festgelegte Reihenfolge für die Marker gibt. Angenommen, wir vereinbaren, daß in einem gegebenen Wörterbuch die Marker A, B, C, ..., wenn sie im gleichen Eintrag vorkommen, in alphabetischer Reihenfolge erscheinen, dann ließen sich die Unterpfade A–C–D–G und B–C–H des gleichen Eintrags wie in (14) verschmelzen. Wenn wir andererseits (durch eine metatheore

(14)

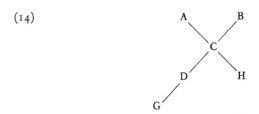

tische Konvention) verlangen, daß jedes Wiederzusammenlaufen von Verzweigungen vermieden wird, dann wäre die richtige Form des kom plexen Eintrags wahrscheinlich wie die in (15). In jedem Fall mag es

(15)

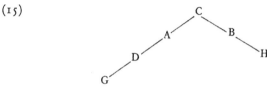

nützlich sein, sich von vornherein darüber klarzuwerden, daß die Kriterien einer festgelegten Reihenfolge von Markern und einer festgelegten Form von Verzweigungen miteinander unvereinbar sein können.

Im Gegensatz zu den syntagmatischen Bäumen, die die Struktur von Sätzen darstellen, sind die rein paradigmatischen Bäume, die polysemen Wörterbucheinträgen entsprechen, keinen Beschränkungen der Analysierbarkeit im Sinne von z.B. Chomsky und Miller (1963, S. 301) unterworfen. Damit reduziert sich das Problem der Beschreibung auf das Herausfinden der ökonomischsten Anordnung von Pfaden mit der geringsten Wiederholung von Merkmalen. Durch die Exemplifizierung mit Bäumen, die sich als reine Taxonomien darstellen lassen, gibt KF ein übermäßig vereinfachtes Bild des Problems. So ist ein klassifizierender Baum wie (16 i), in dem A, B, C, Q, R, S und T Merkmale sind und in dem ein Pfad von Merkmalen, die durch Linien verbunden sind, eine Bedeutung bildet, der Darstellung in (16 ii) äquivalent, die ihn explizit als Taxonomie darstellt. Viele Wörterbucheinträge neigen jedoch zur

(16) (i) (ii)

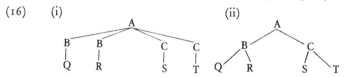

Form der Merkmalmatrizen wie in (17 i), und es besteht keine Veranlassung, sie durch (17 ii) zu ersetzen. Ökonomie würde nur erreicht durch Darstellungen wie in (17 iii–v):

(17) (i) (ii)

(iii) (iv) (v)

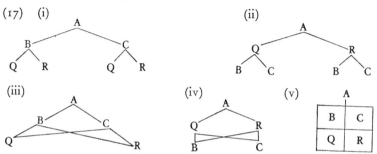

Kurz gesagt, unvoreingenommene Überlegungen führen zu dem Schluß, daß sich keine theoretische Begründung für die Spezifizierung der Reihenfolge von Merkmalen in einem Pfad abzeichnet.[24]

Eine ähnliche Schwierigkeit entsteht, wenn wir die Amalgamierung von Pfaden, die sich aus der Wirkung der Projektionsregeln ergibt, betrachten. Wenn die Wörterbucheinträge mit ihren jeweiligen Pfaden $W_a = a_1 + a_2 + \ldots + a_m$ und $W_b = b_1 + b_2 + \ldots + b_n$ gegeben sind, dann hat die zusammengesetzte letikalische Kette $W_a + W_b$ den zusammengesetzten Pfad $a_1 + a_2 + \ldots + a_m + b_1 + b_2 + \ldots + b_n$. Aber die Grenze zwischen dem Teil des zusammengesetzten Pfades, der aus W_a stammt, und dem Teil, der aus W_b stammt, wird nicht formal repräsentiert. In KF erscheinen die Distinktoren von W_a, wenn überhaupt, an der Stelle, an der die Konstituentenpfade eines amalgamierten Pfades zusammengefügt worden sind.[25] Aber wie wir gesehen haben, ist dies im Hinblick auf die Theorie eine völlig willkürliche Entscheidung. In der Tat ist der Ursprung jedes Markers in einem amalgamierten Pfad nicht rekonstruierbar; die Elemente eines amalgamierten Pfades in KF sind, wie diejenigen eines Konstituentenpfades, völlig ungeordnete Mengen, und es gibt keine Möglichkeit innerhalb der Theorie, auszudrücken, daß in dem Pfad von $W_a + W_b$ (zum Beispiel a_m vor b_t *steht*.

Wir wollen nun einige Folgerungen, die sich aus dieser Eigenart von KF ergeben, betrachten. Wenn wir die einzelnen Pfade für die englischen Wörter *detective* und *woman* als gegeben annehmen, so würden die Konstruktionen *woman detective* und *detective woman* von denselben amalgamierten Pfaden dargestellt, da die Reihenfolge der Elemente in einem Pfad und damit in Unterpfaden eines Pfads für die Theorie unerheblich ist. Es zeigt sich, daß KF, anders ausgedrückt, nicht in der Lage ist, den Austausch von in den Vordergrund gerückter und in den Hintergrund geschobener Information in solchen Paaren darzustellen.[26] Doch

---

[24] Die Annahme darauf, daß Implikationsbeziehungen zwischen Markern, wie die von Katz und Postal (1964) und Chomsky (1965) erörterten, automatisch ein Netz von Merkmalen ergeben könnten, ist reizvoll, aber wahrscheinlich dürfte sie sich nicht bestätigen, wenn mehr als nicht-anekdotenhaftes Material in Betracht gezogen wird.

[25] Zum Beispiel auf S. 201 bei P8, aber nicht durchgängig (z. B. nicht auf S. 198) und nicht in Übereinstimmung mit der formellen Regel, die auf S. 198 gegeben wird.

[26] Eine erneute Analyse dieser transformierten Ausdrücke mit Hilfe der ihnen zugrundeliegenden Sätze, z. B. *The detective is a woman* und *The woman is a detective*, würde die Angelegenheit nicht klären, da die Hinzufügung der gleichen Endkomponenten nur zum gleichen Gesamtresultat führen kann.

obwohl es störend ist, ist das Dilemma verhältnismäßig klein, da die semantische Wirkung der Umordnung der Konstituenten von sehr begrenzter Bedeutung ist. Eine viel nachteiligere Schwäche der Theorie kommt zum Vorschein, wenn man bedenkt, daß die beiden Sätze in (18) ebenfalls identische semantische Interpretationen (›Lesarten‹) erhalten würden. Die Pfade von (1) *cats*, (2) *chase* und (3) *mice* – wenn auch

(18)   (i) *Cats chase mice*
         (ii) *Mice chase cats*

in der Reihenfolge 1 + (2 + 3) in (18 i) und (2 + 1) + 3 in (18 ii) amalgamiert – würden dieselbe ungeordnete Menge von Merkmalen $\{1\ 2\ 3\}$ ergeben wie der amalgamierte Pfad, denn, wie wir gesehen haben, gibt es weder eine Anordnung noch eine Klammerung von Elementen in einem Pfad bei KF. Aus ähnlichen Gründen ist die Theorie nicht in der Lage, die Unterscheidung zwischen *three cats chased a mouse* und *a cat chased three mice*, zwischen (*bloody* + *red*) + *sunset* und *bloody* + *red* + *sunset* usw. für eine unendliche Zahl von kritischen Fällen zu bezeichnen.

Für KF ist die Bedeutung eines komplexen Ausdrucks (wie Konstruktion oder Satz) ein unstrukturierter Haufen von Merkmalen – genau wie die Bedeutung eines Einzelwortes. Die Projektionsregeln, so wie sie in KF formuliert sind, z e r s t ö r e n   d i e   s e m a n t i s c h e   S t r u k t u r   und machen die Wörter eines Satzes zu einem bloßen Haufen. Sehr weit davon entfernt, der Satzinterpretation eines gewandten Sprechers gleichzukommen oder die Art und Weise zu erklären, in der die Bedeutung eines Satzes von der Bedeutung seiner Komponenten abgeleitet wird, deutet KF nur das Vorhandensein irgendwelcher Bedeutungen in irgendeiner ungeklärten Weise irgendwo in der Struktur eines Satzes an. Tatsächlich sagt uns die Theorie, daß (18 i) ein Ausdruck ist, der etwas über *cats*, *mice* und *chasing* aussagt, und daß (18 ii) dasselbe tut.

Man könnte dem natürlich entgegenhalten, daß, obwohl die Menge der semantischen Züge in beiden Sätzen (18) die gleiche ist, die g r a m - m a t i s c h e   Natur dieser Ausdrücke verschieden sei. Aber dies ist ja gerade die Kernfrage: w i e   steht der grammatische Unterschied konkret mit dem Unterschied in der Gesamtbedeutung in Verbindung? Darüber schweigt KF. Eine besondere Ironie liegt darin, daß ein semantisches Unternehmen, das inspiriert wurde von einer syntaktischen Forschung in noch nie erreichter Verfeinerung, schließlich als eine grundlegend asyntaktische Bedeutungstheorie endet. In ihrer Unfähigkeit, zwischen (18 i) und (18 ii) zu unterscheiden, gleicht KF gewissen (linguistisch wertlosen) psychologischen Beschreibungen von Sätzen, die die Bedeutung eines

Satzes mit Hilfe von ›Assoziationen‹ zwischen den Wörtern, die ihn aufbauen, zu erklären suchen.[27]

Um ähnliche Mängel in einer Theorie zu vermeiden, die als Alternative gedacht ist, mag es nützlich sein zu überlegen, wie KF sich selbst in den wichtigsten Punkten in den Bankrott hineinmanövriert hat. Offenbar geschah dies, als die Autoren eine Theorie der sprachlichen Bedeutung nach dem Vorbild der Multiplikation von Klassen aufbauten. Da man in der Logik schon lange die Tatsache ausdrücken kann, daß ein *colorful ball* etwas ist, was sowohl bunt als auch ein Ball ist, kann man sagen, daß *colorful ball* die semantischen Merkmale sowohl von *ball* als auch von *colorful* enthält. Der Prozeß, der dazu führt, eine zusammengesetzte Bedeutung abzuleiten, läßt sich als eine Boolesche Klassenkonjunktion ausdrücken. Man sollte eigentlich denken, daß mit der Entwicklung des Kalküls mit mehrstelligen Prädikaten die Logik der Booleschen (einstelligen) Prädikate endgültig als Modell für natürliche Sprachen verschwunden wäre. Dennoch bleibt KF bei der Auffassung, die bei den Logikern des 19. Jahrhunderts weit verbreitet war, daß Boolesche Operationen ein angemessenes Modell für die kombinatorische Semantik seien. Die unheilvollen Ergebnisse einer solchen Auffassung sind offensichtlich.[28]

2.26 Unbegrenzte Polysemie

Wenn man die Wendungen *eat bread* und *eat soup* betrachtet, stellt man fest, daß *eat* in jeder Wendung eine leicht verschiedene Bedeutung hat: im zweiten Ausdruck, aber nicht im ersten, beinhaltet es die Handhabung eines Löffels. Wenn man das Verfahren, das in KF auf polyseme Einheiten wie *ball* und *colorful* angewandt wurde, weiterführt, dann müßte man den Wörterbucheintrag für *eat* durch einen sich verzweigenden Pfad, etwa wie in (19), darstellen:

$$(19) \quad eat \to (\text{Vorgang}) \to \ldots \to (\text{Schlucken}) \quad \begin{matrix} \nearrow (\text{Kauen}) \to \ldots \langle (\text{Fest}) \rangle \\ \searrow \ldots \to (\text{Löffel}) \; \langle (\text{Flüssig}) \rangle \end{matrix}$$

---

[27] Als einen vor kürzerer Zeit erschienenen Versuch vgl. Mowrer (1960, Kap. IV).

[28] In der Reihe der linguistischen Theorien, die aus der Logik erwachsen sind, stellt FK daher gegenüber Reichenbach (1948) einen deutlichen Schritt rückwärts dar, der die Notwendigkeit eines höheren Funktionenkalküls in einer semantischen Theorie, die sich auf natürliche Sprachen anwenden läßt, erkannt hat. Aber Reichenbach selbst war veraltet, wenn man ihn mit Stöhr (1890) vergleicht, der bereits die Notwendigkeit eingesehen hatte, den Funktionenkalkül durch andere Modelle zu ersetzen. Der logisch irreduzible Charakter der Transitivität hat auch Peirce immer wieder interessiert (z. B. 3.408 und an vielen anderen Stellen seines Werkes).

24

Die Selektionsbeschränkungen am Ende jedes Unterpfades würden die Information liefern, die es ermöglicht, den richtigen Unterpfad in denjenigen Kontexten, wo *bread* und *soup* als Objekts-Nominalphrasen fungieren, zu wählen. Außerdem ist aber die Tätigkeit, die durch *eat* symbolisiert wird, auch verschieden, je nachdem, ob Dinge mit einer Gabel oder mit den Händen gegessen werden; und sogar das Essen-mit-der-Hand von Äpfeln und Erdnüssen oder das Essen-mit-der-Gabel von Erbsen oder Spaghetti sind erkennbar verschieden. Es liegt daher auf der Hand, daß ein Wörterbuch vom Typ KF Gefahr läuft, eine unbegrenzte Differenzierung von Bedeutungen darstellen zu müssen.

Verschiedene Auswege aus dieser Gefahr können erkundet werden. Der direkteste wäre, die Verzweigung von Pfaden in einem Lexikoneintrag zu verbieten, außer wenn sie eine erprobte Mehrdeutigkeit in einem eindeutigen Kontext darstellt. Zum Beispiel: wenn *file* als mehrdeutig aufgefaßt werden kann (wie im Kontext *I love to* _____ *things* ›1. ablegen, einordnen; 2. abfeilen‹), würde der Wörterbucheintrag die Mehrdeutigkeit durch eine Verzweigung von Pfaden darstellen; andererseits, wenn *eat* in einem allgemeinen Kontext wie *I'd like to* _____ *something* nicht als mehrdeutig aufgefaßt würde, wären die Unterbedeutungen von *eat* nicht im Wörterbuch enthalten. Aber dies setzt, als einen Grundbegriff der Theorie, eine absolute Unterscheidung zwischen echter Mehrdeutigkeit und bloßer Unbestimmtheit der Referenz voraus. Die Schwierigkeit, eine solche Unterscheidung empirisch zu bestätigen, macht ihre theoretische Nützlichkeit ziemlich zweifelhaft, obwohl sie befürwortet worden ist, z. B. von Ziff (1960, S. 180ff.).

Eine sorgfältiger ausgearbeitete Lösung, wie sie von Kuryłowicz (1953) vorgeschlagen wurde, ließe sich folgendermaßen formulieren: ein Wörterbucheintrag W wird dann mit zwei Unterpfaden (Unterbedeutungen) W_1 und W_2 versehen, wenn, und nur wenn, es in der Sprache einen Unterpfad Z_i eines Eintrags Z gibt, der mit W_1 synonym ist und nicht synonym ist mit W_2. Nach Kuryłowicz sind die Begriffe Polysemie (Pfadverzweigung) und Synonymie komplementär und keiner ist theoretisch haltbar ohne den anderen. Daher würde der Pfad für *file* als Verzweigung dargestellt, da *file*$_1$ synonym mit *put away* ist, hingegen *file*$_2$ nicht. Jedoch müßte die Bedingung derart verschärft werden, daß von den Synonymen verlangt wird, daß sie nicht zusammengesetzt sind, da es immer möglich ist, aus mehreren Worten bestehende Umschreibungen zu finden, die unendlich differenzierten Unterbedeutungen eines einzelnen Wortes entsprechen (z. B. *consume as a solid = eat*$_1$; *consume as a liquid = eat*$_2$). Zum Begriff der lexemischen Einfachheit vgl. § 3.442.

Auf jeden Fall ist es klar, daß eine Beachtung der Erfahrungen aus früheren semantischen Theorien KF vor einer unnötigen Falle hätte bewahren können.

2.3 Projektionsregeln

Die Projektionsregeln von KF sind ein System von Regeln, die auf vollständige grammatische Beschreibungen von Sätzen und auf Wörterbucheinträge einwirken, um semantische Interpretationen für jeden Satz der Sprache zu erzeugen. Es gibt zwei Typen von Projektionsregeln. Informell beschrieben, wirken die Projektionsregeln des Typs 1 (PR 1) auf Sätze ein, die ohne Transformationen oder nur durch obligatorische Transformationen gebildet sind, wogegen die Regeln des Typs 2 (PR 2) auf Sätze einwirken, die durch fakultative Transformationen gebildet sind. In KF (S. 207) ist bereits vorweggenommen, daß, wenn sich die syntaktische Theorie einer Sprache ohne Zuhilfenahme von fakultativen Transformationen formulieren ließe, PR 2 eliminiert werden könnte. Seit dem Erscheinen von KF wurde gezeigt, daß die Möglichkeit einer Syntax ohne fakultative Transformationen, singulär[29] oder generalisiert,[30] gegeben ist, so daß ein Bedarf für PR 2 nicht länger besteht. Wir wollen daher die Unterschiede zwischen verschiedenen PR 1 betrachten.

Die Projektionsregeln in KF unterscheiden sich voneinander durch a) die Bedingungen für ihre Anwendung und b) durch ihre Wirkung. Wir beschäftigen uns mit den beiden Faktoren nacheinander.

a) Die Bedingungen werden durch den grammatischen Status von Konstituentenketten in einer binären (d. h. aus zwei Konstituenten bestehenden) Konstruktion angegeben. Die Einzeldarstellung des grammatischen Status von Ketten in KF ist jedoch völlig eklektisch. Die Termini ›Nomen‹ und ›Artikel‹, auf die sich die Regeln beziehen, sind lexikalische Kategorien, die von der Grammatik geliefert werden; in ähnlicher Weise werden ›Verbalphrase‹, ›Nominalphrase‹ und ›Hauptverb‹ als nichtlexikalische (präterminale) Kategorien der Grammatik definiert. Andererseits haben Bezeichnungen wie ›Objekt des Hauptverbs‹ und ›Subjekt‹ einen unterschiedlichen theoretischen Status in der Syntax, was KF für selbstverständlich hält.[31] Schließlich haben Begriffe wie ›Bestimmungswort‹ und ›Grundwort‹, auf welche PR 1 Bezug nimmt (S. 198), überhaupt

---

[29] Katz und Postal (1964, S. 31–46).
[30] Chomsky (1965).
[31] Eine Methode, diese syntaktischen Funktionen durch Ableitung zu definieren, wurde jetzt von Chomsky beschrieben (1965).

keinen Status in der Theorie. Mit ihnen weicht KF heimlich einer Frage aus (vgl. § 3.21), und wahrscheinlich lassen sie sich überhaupt nur unter Bezugnahme auf die Semantik definieren. Obwohl KF keine Angaben über die Zahl der PRs in einer Sprache macht (KF, Anm. 20), so scheint es doch, daß das Verfahren ebenso viele PRs erfordern würde, wie es binäre Konstruktionen in der Grammatik gibt. (Ein Verfahren für die Behandlung ternärer Konstruktionen wird in KF nicht vorgeschlagen.)

b) Die PRs unterscheiden sich in ihrer Wirkung, und diese Wirkung wird mit Hilfe von Tilgungen der Selektionsbeschränkungen ausgedrückt. Wir können eine Konstruktion wie in (20) darstellen, wobei M und N lexikalische Ketten mit ihren zugehörigen Mengen von syntaktischen und semantischen Markern sind und μ und v ihre jeweiligen Selektionsbe-

(20) $\qquad A \rightarrow M \langle \mu \rangle + N [v]$

schränkungen. Grundsätzlich gibt es insgesamt vier mögliche Beschränkungen für die Selektionen der Konstruktion A. A kann die Beschränkungen

(21) $\qquad$ (i) $A \langle \mu, v \rangle \rightarrow M \langle \mu \rangle + N \langle v \rangle$
$\qquad$ (ii) $A \langle \mu \rangle \rightarrow M \langle \mu \rangle + N \langle v \rangle$
$\qquad$ (iii) $A \langle v \rangle \rightarrow M \langle \mu \rangle + N \langle v \rangle$
$\qquad$ (iv) $A \rightarrow M \langle \mu \rangle + N \langle v \rangle$

b e i d e r Konstituenten (i) oder des linken Konstituenten (ii) oder des rechten Konstituenten (iii) beibehalten oder es kann unbeschränkt sein (iv). In KF gehört die Projektionsregel 1 dem Typ (21 iii) an, die Regel 3 dem Typ (21 ii) und die Regeln 2 und 4 dem Typ (21 iv). Eine Regel vom Typ (21 i) wird nicht angeführt, doch es scheint keinen Grund dafür zu geben, ihr Vorkommen grundsätzlich auszuschließen.

Alles in allem ist es die Funktion der Projektionsregeln in KF, alle binären Konstruktionen einer Grammatik, sowohl terminale als auch präterminale, in vier Typen zu klassifizieren, je nach der Tilgung oder Nicht-Tilgung der Selektionsbeschränkungen ihrer rechten oder linken Konstituenten. Abgesehen von ihren unterschiedlichen Wirkungen auf Selektionsbeschränkungen ist die Leistung aller Projektionsregeln dieselbe: Sie fassen nämlich die Pfade der Konstituenten zusammen. Folglich ließe sich die Klassifizierung von Konstruktionen durch PRs ohne Schwierigkeiten innerhalb des kategorialen Teils der Syntax zeigen,[32] so daß eine getrennte PR-›Komponente‹ nicht nötig wäre.

---

[32] Zum Beispiel: anstatt ›+‹ in allen Verzweigungsregeln (A → M + N) zu benutzen, könnten wir das Plus-Zeichen auf Regeln vom Typ (21 i) beschränken und ›+→‹, ›←+‹ und ›←+→‹ jeweils für Regeln vom Typ (21 ii–iv) verwenden.

Bevor wir versuchen, einen grundlegend neuen Ansatz zu entwickeln (Kap. 3), müssen wir noch die Stellung der abweichenden Äußerungen in einer expliziten Sprachtheorie betrachten. Da KF dieses Problem nur flüchtig berührt, müssen wir uns an dieser Stelle an andere Quellen halten, die KF geistig nahestehen.

2.4 Abweichungen von der Grammatikalität

In der Literatur über die generative Grammatik nimmt die Unterscheidung zwischen grammatischen und anderen Arten der Abweichung eine vorrangige Stellung ein, da gerade die Definition der Grammatik selbst auf der Möglichkeit der Unterscheidung zwischen grammatischen und ungrammatischen Ausdrücken beruht. Da ungrammatische Bildungen eine Unterklasse der Klasse der seltsamen Ausdrücke sind, muß der Unterschied zwischen der Ungrammatikalität und anderen Arten der Seltsamkeit in der Theorie einer Sprache dargelegt werden.

Das Problem, das durch grammatisch einwandfreie, aber dennoch semantisch seltsame Ausdrücke wie *colorless green ideas* illustriert wird, hat aber eine alte Geschichte. Seit zweitausend Jahren haben sich die Linguisten bemüht, die Zuständigkeit der Grammatik für abnorme Konstruktionen jeglicher Art einzuschränken. Apollonios Dyskolos kämpfte mit dem Problem im 2. Jahrhundert in Alexandrien und Bhartrhari behauptete im 9. Jahrhundert in Indien, daß *barren woman's son* trotz seiner semantischen Abnormalität ein syntaktisch wohlgeformter Ausdruck sei. Sein Fast-Zeitgenosse im Irak, Sîbawaihi, unterschied semantische Abweichung (wie in *I carried the mountain, I came to you tomorrow*) von grammatischer Abweichung wie in *qad Zaidun qâm* für *qad qâm Zaidun* ›Zaid stand auf‹ (die Partikel *qad* muß das Verb direkt nach sich haben). Die mittelalterlichen Grammatiker in Westeuropa gaben ebenfalls zu, daß der Ausdruck *cappa categorica* ›kategorischer Mantel‹ linguistisch einwandfrei (*congrua*) sei, so daß seine Unrichtigkeit anderswo als in der Grammatik liegen müsse.[33] Die Fortsetzung der Argumentation in der modernen Philosophie klingt recht vertraut.[34]

---

[33] Zu Bhartrhari vgl. Chakravarti (1933, S. 117f.) und Sastri (1959; S. 245); leider werden die beiden Bücher dem Gegenstand nicht gerecht. Die indische Streitfrage geht zumindest auf Patañjali (2. Jahrhundert v. Chr.) zurück. Vgl. auch Sîbawaihi (1895, S. 10f.), Thomas von Erfurt (um 1350, S. 47).

[34] Zum Beispiel ist die Ähnlichkeit zwischen einem modernen Argument von Ziff (1964, S. 206) und einem Argument des großen Alexandriners Apollonios vor 18 Jahrhunderten (Apollonios § IV, 3; Auflage 1817, S. 198) frappierend. Ziff argumentiert, daß die Normalität oder Abweichung *It's raining* nicht

Die Haltung, die die meisten Autoren in der generativen Grammatik einnehmen, scheint auf zwei Stützen zu beruhen: a) grammatikalische Seltsamkeit von Ausdrücken ist qualitativ verschieden von anderen Arten der Seltsamkeit; und b) grammatikalische Seltsamkeit selbst ist eine Angelegenheit des Grades. Wir wollen diese beiden Punkte im Zusammenhang mit den folgenden Beispielen näher betrachten:

(22) *Harry S. Truman was the second king of Oregon.*

(23) (i) *Went home he.*
 (ii) *Went home for the holidays.*
 (iii) *He goed home.*

(24) (i) *He puts the money.*
 (ii) *He puts into the safe.*
 (iii) *He puts.*

(25) (i) *The dog scattered.*
 (ii) *John persuaded the table to move.*
 (iii) *His fear ate him up.*
 (iv) *The cake is slightly delicious.*
 (v) *The water is extremely bluish.*
 (vi) *Five out of three people agreed with me.*

(26) (i) *The square is round.*
 (ii) *A square is round.*
 (iii) *The square is loud but careful.*
 (iv) *A square is loud but careful.*

Wir befassen uns hier nicht mit irgendwelchen Theorien der Referenz, die den Satz (22) wegen seiner tatsächlichen Unrichtigkeit als seltsam bezeichnen würden; im Gegenteil, wir können (22) als Beispiel eines normalen Satzes nehmen, zu dem die Sätze (23)–(26) im Gegensatz stehen, da sie alle etwas Anomales enthalten. Das übliche Vorgehen besteht darin zu sagen, daß (23)–(25) aus grammatischen Gründen abweichend sind,

---

davon abhängen kann, ob es wirklich regnet, wenn eine Realisierung des Satzes ausgesprochen wird. Apollonios vertritt die Meinung, daß dann, wenn ein Widerspruch zwischen einem Satz und einem realen Bezug als grammatischer Fehler(typ) klassifiziert würde, das Vorkommen von grammatischen Fehlern auf das Vorhandensein des Tageslichts und die Unterhaltungen mit sehenden Menschen beschränkt wäre, da ein blinder Hörer oder irgendein Hörer im Dunkeln nicht prüfen könne, ob eine Aussage mit der Realität übereinstimmt.

während die Beispiele von (26) aus semantischen Gründen abweichend sind. Dieses Urteil kann jedoch nur im Zusammenhang mit einer gegebenen Grammatik $G(L)$ der Sprache L gefällt werden; man kann dann die einzelnen Regeln von $G(L)$ angeben, die in jedem Satz von (23)–(26) verletzt sind, und angeben, worin diese Verletzung besteht. Die Regeln aber, die in (26) verletzt sind, finden sich nicht in $G(L)$. Vermutlich gehören sie in die semantische Beschreibung der Sprache $S(L)$. Aber wie sich in § 2.22 gezeigt hat, ist die Abgrenzung zwischen $G(L)$ und $S(L)$, wie sie in KF vorgeschlagen wird, nur scheinbar, und ein existenzfähiges Kriterium dafür ist bis jetzt nicht vorgeschlagen worden.[35]

Im Rahmen einer Syntaxtheorie, in welcher die Subkategorisierung durch Ersetzungsregeln in der Phrasenstrukturkomponente einer Grammatik dargestellt wurde, hat Chomsky (vgl. Miller und Chomsky 1963, S. 444f.) vorgeschlagen, Grammatikalitätsgrade etwa in der folgenden Weise zu behandeln.[36] Angenommen, wir haben eine Grammatik G_0, die mit Hilfe von Wortkategorien $W_1, W_2 \ldots W_n$ formuliert ist. Wir können nun eine Grammatik G_1 formulieren, in welcher einige Wortkategorien – z. B. W_j und W_k – als austauschbar behandelt werden. Eine Grammatik G_2 wäre eine solche, in welcher eine große Zahl von Wortkategorien als austauschbar betrachtet werden. Der Grenzfall wäre eine ›Grammatik‹, in der alle Wortklassen frei austauschbar wären. Ausdrücke, die mit der Variante der Grammatik G_i übereinstimmen, würden als grammatisch auf der i-Ebene bezeichnet. Aber es ist wichtig festzustellen, daß nirgends bei diesem Vorgehen Kriterien zur Aufstellung getrennter Ebenen angegeben werden. Wir erfahren nicht, ob eine ›Ebene‹ postuliert werden sollte, auf der z. B. W_1 mit W_2 vertauscht wird oder W_2 mit W_3. Auch läßt sich nicht entscheiden, ob die Verschmelzung von W_1 und W_2 auf der gleichen ›Ebene‹ stattfindet wie z. B. die von W_9 und W_{10} oder auf einer anderen Ebene. Die Hoffnung, daß ein quantitatives Vorgehen dieser Art zu einer brauchbaren Wiederherstellung des Begriffs der Abweichung führen könnte, ist daher, so glaube ich, schlecht begründet.

Eine Syntax, die mit Hilfe von Merkmalen (anstatt nur mit Subkategorien) formuliert ist, bietet einen anderen Ansatz. Wir können jetzt

---

[35] Das Fehlen eines Kriteriums wird um so deutlicher in einer Syntax, die mit Hilfe von Merkmalen neu formuliert ist. Chomsky (1965) vermutet, daß syntaktische Merkmale diejenigen semantischen Merkmale sein könnten, die in der Grammatik erwähnt werden; aber er liefert keine Kriterien für die Entscheidung darüber, wann eine Grammatik gegenüber dem Wörterbuch vollständig ist. Vgl. auch § 4.1.

[36] Aus Gründen der Klarheit haben wir die ursprüngliche Darstellung leicht vereinfacht – wir hoffen, ohne ihre Absicht entstellt zu haben.

zwischen Verletzungen der Regeln der kategorialen Komponente, wie in (23), Verletzungen der Regeln der strikten Subkategorisierung, wie in (24), und Verletzungen der Selektionsregeln, wie in (25), unterscheiden. Die Anzahl der Regeln, die in jedem Ausdruck verletzt sind, ließe sich zählen und ein zahlenmäßiger Koeffizient der Abweichung für jeden Satz errechnen. Wenn es Veranlassung geben sollte, die verletzten Regeln abzuwägen (zum Beispiel im Hinblick auf die Reihenfolge, in der sie in der Grammatik erscheinen), würde sich außerdem ein richtig abgewogener Koeffizient der Abweichung ergeben. Aber obwohl dieser Ansatz weit vielversprechender ist als der im vorhergehenden Absatz beschriebene, unterscheidet auch er nicht zwischen den Abweichungen von (23)–(25) und denen von (26). Dies ließe sich erreichen, indem man eine Hierarchie von syntaktisch-semantischen Merkmalen postulierte, so daß man sagen könnte, daß (26) nur Merkmale, die niedrig in der Hierarchie sind, verletzt. Zur Zeit ist noch nicht bekannt, ob eine einzige durchgängige Hierarchisierung der semantischen Merkmale einer Sprache möglich ist. In § 3.51 entwickeln wir einen alternativen Ansatz für die Behandlung der Abweichung, in welchem die lästige Frage einer solchen Hierarchisierung viel von ihrer Bedeutung verliert.

Noch eine andere Auffassung der Abweichung wurde von Katz (1964 a) skizziert. Dort wird argumentiert, daß ein Semi-Satz (eine ungrammatische Kette) verstanden wird, weil er mit einer Klasse von grammatischen Sätzen in Zusammenhang gebracht wird; z. B. *Man bit dog* ist ein Semi-Satz, der (teilweise?) verstanden wird, weil er mit den wohlgeformten Sätzen ›A man bit a dog‹, ›The man bit some dog‹ usw. in Zusammenhang gebracht wird; diese bilden eine ›Verständnisgruppe‹. Die Verständnisgruppe eines Semi-Satzes und die Verbindung zwischen dem Semi-Satz und seiner Verständnisgruppe werden von einer ›Übertragungsregel‹ gegeben. Jedoch ist die Zahl möglicher Übertragungsregeln für jede Grammatik sehr groß: wenn eine Grammatik n Kategoriensymbole benutzt und wenn die normale Endkette, die von der Grammatik erzeugt wird (ohne Rekursivität) m Symbole enthält, dann gibt es $(n-1) \times m$ mögliche Übertragungsregeln, die nur auf Kategoriensubstitution beruhen. Wenn Verletzungen der Reihenfolge durch Permutation erfaßt werden sollen, schwillt die Zahl der Übertragungsregeln an, und wenn Rekursivität in die Grammatik aufgenommen wird, steigt ihre Zahl ins Unendliche. Das entscheidende Problem ist daher, ein Kriterium für die Auswahl interessierender Übertragungsregeln zu finden. Katz hofft, diejenigen herauszufinden, die sicherstellen, daß der Semi-Satz verstanden wird.

Dieser Vorschlag, so scheint mir, geht aus mindestens drei Gründen fehl. Einmal gibt er keine Erklärung von ›Verstandenwerden‹ und enthält ein Vertrauen in behavioristische Tests, das nicht gerechtfertigt ist. Zweitens nimmt er gegen alle Wahrscheinlichkeit an, daß die Sprecher die gleichen Fähigkeiten zum Verständnis von Semi-Sätzen haben, ohne Rücksicht auf Intelligenz und andere individuelle Verschiedenheiten.[37] Drittens behandelt er Abweichungen nur in bezug auf den Hörer, der, wenn er mit Störungen in der Übertragung oder einer schlecht funktionierenden Quelle von Mitteilungen konfrontiert ist, einwandfreie Prototypen rekonstruieren muß. Die Theorie von Katz ist daher völlig unfähig, gewollte Abweichung als ein Mittel der Kommunikation zu erfassen. Doch die allergrößte Schwäche des Ansatzes ist seine Behandlung der Abweichung mit ausschließlich quantitativen Methoden. Katz untersucht, wie abweichend ein Ausdruck ist, aber nicht, was es bedeutet, daß verwandte nicht-abweichende Ausdrücke n i c h t s bedeuten würden.

---

[37] Diese Annahme ergibt sich aus der Kritik, die Katz an der Behandlung der Ungrammatikalität durch einen anderen Autor übt, die die verschiedenen Fähigkeiten einzelner Sprecher einbezieht (Katz 1964 a, S. 415).

3. Eine neue Theorie der Semantik

3.1 Bereich. Einleitende Begriffe

Das Ziel einer Theorie der Semantik einer Sprache, so wie wir es auffassen, ist es, die Art und Weise zu erklären, in der sich d i e B e d e u t u n g e i n e s S a t z e s m i t b e s t i m m t e r S t r u k t u r a u s d e n v o l l s t ä n d i g b e s t i m m t e n B e d e u t u n g e n s e i n e r T e i l e a b l e i t e n l ä ß t. Die semantische Struktur der Bestandteile von Sätzen wird mit Hilfe von semantischen Merkmalen angegeben. Ein Satz enthält sowohl fakultative als auch obligatorische Teile; alle fakultativen und einige obligatorische Teile tragen zur semantischen Struktur des Ganzen bei.[38]

Die Grammatik, die die syntaktische Struktur der Sätze spezifiziert, muß natürlich eine besondere Form haben. Die Form der Grammatik, mit welcher die hier entwickelte semantische Theorie vereinbar sein soll, ist die, welche Chomsky (1965) vor kurzem vorgeschlagen hat. Eine Grammatik dieser Art enthält eine Basis und eine transformationelle

---

[38] Zur Beziehung zwischen obligatorischem Vorkommen und Bedeutungshaftigkeit vgl. § 4.1 und bes. Anm. 100. – Der Zuständigkeitsbereich der semantischen Theorie kann nicht kleiner sein als derjenige der Grammatik. Folglich ist es der Satz, für dessen Erklärung wir unsere Theorie verantwortlich machen wollen. Insofern die Regeln der Pronominalisierung, der Ellipse usw. einen Bezug auf den Kontext außerhalb des Satzes einschließen, muß der Bereich der semantischen Theorie entsprechend erweitert werden. Wir schlagen andererseits aber nicht vor, daß die Theorie verantwortlich sein soll für die Auflösung der Mehrdeutigkeit von *jack* (›1. Hebevorrichtung; 2. Spielsteinchen aus Metall‹) in dem Satz *I realized we had no jack* durch Assoziation mit z. B. *car* und *break* in einem benachbarten Satz (*On a deserted road that night our car broke down*). Solche Erscheinungen sind grundsätzlich nicht codiert und liegen jenseits des Bereichs der Linguistik, obgleich sie in einem ›hypersemantisierten‹ Gebrauch der Sprache sowohl beabsichtigt als auch wirksam sein können (Weinreich 1963a, S. 118). Die Dichte solcher Wirkungen in einem Text und viele andere Einzelheiten, die sie betreffen, sind in einer stilistischen Theorie à la Riffaterre (1964) in hohem Maße erforschbar. Zu einem weiteren Berührungspunkt von linguistischer und stilistischer Theorie vgl. § 3.52.

Komponente. Die Basis generiert Tiefenstrukturen von Sätzen, auf welche die Transformationen – die alle obligatorisch sind – einwirken, um Oberflächenstrukturen von Sätzen zu erzeugen.[39] Die Basis ihrerseits besteht aus einer kategorialen Komponente, die präterminale Ketten generiert, und einem Wörterbuch (von Chomsky ›Lexikon‹ genannt), das Lexikoneinträge enthält. Ein Lexikoneintrag kann als eine Dreiergruppe (P, G, μ) betrachtet werden, in der P eine Menge von phonologischen Merkmalen, G eine Menge von syntaktischen Merkmalen und μ eine Menge von semantischen Merkmalen ist. Die Beziehung zwischen G und μ ist von Chomsky nur provisorisch behandelt worden; wir kommen auf diese Frage in Kapitel 4 zurück.

Wir wollen eine andere Abgrenzung zwischen dem Lexikon und der kategorialen Komponente vorschlagen (§ 3.42). Doch wir folgen Chomsky in dem wichtigen Grundsatz, daß die transformationelle Verarbeitung nichts Bedeutungsvolles zum Satz beiträgt[40] und daß die Verfahren der semantischen Komponente, die zur semantischen Interpretation eines Satzes führen, als ausschließlich auf die Tiefenstruktur des Satzes wirkend definiert sein sollten.

Da die kategoriale Komponente keine Tilgungsregeln enthält, ist die Derivationsgeschichte eines Satzes (wie sie sich in der indizierten Klammerung ihrer Konstituenten widerspiegelt) garantiert frei von Mehrdeutigkeiten, bis zu der Stelle, wo Lexikoneinträge eingefügt werden. Die Mehrdeutigkeit von Ausdrücken wie (9) entspringt der unvollständigen Beschriftung einiger Knoten und ist überhaupt eine Eigentümlichkeit der Oberflächenstrukturen.[41] Aber wir möchten weitergehen und sicherstellen,

---

[39] Technisch gesehen, besteht in manchen Fällen der Output der Basis nicht aus Tiefenstrukturen von Sätzen, da die Bedingungen für das Wirken einiger obligatorischer Transformationen nicht erfüllt sind. Zum Begriff der ›Blokkierung‹ vgl. § 3.42.

[40] Die Möglichkeit, daß einige Transformationen dennoch eine ›quasi-semantische‹ Wirkung des In-den-Vordergrund-Schiebens eines Satzteils (›Topikalisierung‹) haben können, wird von Chomsky (1965, S. 221) erörtert.

[41] Katz und Postal (1964, S. 24) haben vorgeschlagen, daß der Terminus ›sentoid‹ eingeführt werden soll, um eine Kette von Formativen mit einer einzigen damit verbundenen strukturellen Beschreibung (SB) zu bezeichnen, wohingegen ›Satz‹ einer derartigen Kette vorbehalten sein soll, ohne Rücksicht auf die SB, die sie erhält. Diese Anregung erscheint mir unglücklich, da Ketten ohne spezifizierte SBs (d. h. der Output von ›schwach generativen‹ Grammatiken) nur von nebensächlichem Interesse für die Linguistik sind. Es ist wohl vorzuziehen, den normalen Terminus ›Satz‹ für eine Kette mit einer damit verbundenen SB beizubehalten und, falls nötig, einen besonderen Terminus für eine Kette ohne eine damit verbundene SB zu prägen.

daß eine Tiefenstruktur als Ganzes frei von Mehrdeutigkeiten ist. Um dies zu erreichen, müssen wir verhindern, daß Lexikoneinträge Mehrdeutigkeiten hinzufügen, und daher legen wir fest, daß ein Lexikoneintrag so definiert wird, daß seine Komponente μ – die Menge seiner semantischen Merkmale – frei von Disjunktionen ist. Ein polysemes oder homonymes Wort (wie *ball*) wird in der Theorie durch so viele Einträge wiedergegeben, wie es Bedeutungen hat. Angenommen, wir haben eine präterminale Kette mit einem Knoten ›Nomen‹. Eine ›Lexikonregel‹ ersetzt ›Nomen‹ nicht durch eine disjunktive Menge von Merkmalen wie im Beispiel (27), sondern entweder durch (28 i) oder (28 ii).

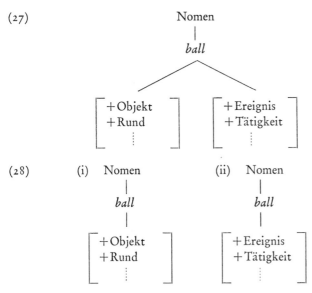

(27)

(28)

Wie bereits erwähnt (§ 2.1), ist die Frage des Erratens, welche disjunktionsfreie Untermenge von semantischen Merkmalen, die mit einer polysemen phonologischen Form verbunden sind, einer bestimmten Tiefenstruktur durch eine Lexikonregel zugeordnet wurde, eine Angelegenheit der Sprachverwendung des Hörers.

Wir möchten eine Unterscheidung zwischen geordneten und ungeordneten Mengen von semantischen Merkmalen treffen. Eine ungeordnete Menge von Merkmalen wollen wir eine Häufung nennen und eine geordnete Menge eine Konfiguration. Wir benutzen Klammern, um beide Typen von Mengen zu symbolisieren, aber die Symbole für Merkmale in einer Häufung werden durch Kommata getrennt, während die in einer Konfiguration durch Pfeile getrennt werden. Wir nehmen *a* und *b* als semantische Merkmale an und führen die folgenden Definitionen ein:

(29) Häufung: $(a, b) = (b, a)$

(30) Konfiguration: $(a \to b) \neq (b \to a)$

Angenommen, die Bedeutung von *daughter* wird in die Komponenten
›weiblich‹ und ›Nachkomme‹ zerlegt. Jeder Mensch, der eine Tochter ist,
ist sowohl weiblich als auch ein Nachkomme; wir stellen die Merkmale
›weiblich‹ und ›Nachkomme‹ als eine Häufung dar. Aber angenommen,
die Bedeutung von *chair* wird mit Hilfe der Merkmale ›Möbel‹ und
›Sitzen‹ dargestellt. Was immer ein Stuhl ist, ist ›Möbel‹, aber es ist nicht
›Sitzen‹: es ist ›zum darauf Sitzen‹. Diese Tatsache würden wir dadurch
wiedergeben, daß wir sagen, die Merkmale ›Möbel‹ und ›Sitzen‹ bilden
eine Konfiguration.[42]

Mit einer Konfiguration (einer geordneten Menge) von Merkmalen
stellen wir formal einen syntaktisch transitiven Ausdruck in der Definition
eines Begriffs dar. Es wäre ein leichtes darzulegen, daß die Komponentenanalyse in der Semantik bis jetzt fast ausschließlich auf Häufungen (ungeordnete Mengen) von Merkmalen beschränkt war.[43]

Zwei (oder mehr) Häufungen von Merkmalen können ihrerseits eine
Konfiguration bilden. Die Formel $(a, b \to c, d)$ stellt eine Konfiguration
der Häufungen (a, b) und (c, d) dar. Hieraus folgt: $(a, b \to c, d) =
(b, a \to d, c) \neq (c, d \to a, b)$. Wir können festlegen, daß das Komma Vor-
rang vor dem Pfeil hat. Das bedeutet: $(a, b \to c, d) = ((a, b) \to (c, d)) \neq
(a, (b \to c), d)$.

Es ist die Aufgabe von § 3.2, die Bildung von Bedeutungen komplexer
(aus mehreren Wörtern bestehender) Ausdrücke zu untersuchen. Eine
grundlegende Annahme des vorliegenden Ansatzes ist, daß die semantischen Strukturen komplexer Ausdrücke und einfacher
Ausdrücke grundsätzlich in der gleichen Form darstellbar sind, das heißt mit Hilfe von Häufungen und Konfigurationen
semantischer Merkmale. Anders ausgedrückt heißt dies, daß Definitionen
von Wörtern semantische Strukturen der gleichen allgemeinen Form
haben wie Sätze einer Sprache (vgl. auch § 3.441). Dieser Grundsatz
erklärt die Möglichkeit der unbeschränkten Einführung neuer Wörter in

---

[42] Es ist darauf hinzuweisen, daß der Ersatz von ›sitzen‹ durch ›darauf sitzbar‹
das Problem nur dadurch löst, daß ein nur zu diesem Zweck bestimmtes
globales Merkmal postuliert wird, welches wohl kaum in sehr vielen anderen
Definitionen wiederkehrt.

[43] Vgl. die Literaturangaben in Anm. 95. Als eine bemerkenswerte Ausnahme
vgl. die Pionierarbeit von Lounsbury (1964a, 1964b).

eine Sprache L, durch Festlegung ihrer Bedeutungen mit Hilfe von Ausdrücken, die in Wörter der Sprache L gefaßt sind. Selbstverständlich enthält ein bestimmter komplexer Ausdruck, wenn er nicht tautologisch ist,[44] mehr Merkmale in seiner semantischen Struktur als irgendeine seiner Konstituenten. Doch die Form der Strukturen, wie sie die Theorie darstellt, ist die gleiche für einfache und komplexe Ausdrücke.

Angenommen, zwei Ausdrücke bilden eine grammatische Konstruktion. Wir nennen die Bildung einer Häufung von Merkmalen Verkettung. Wenn M ein Wort mit den semantischen Merkmalen $(a \rightarrow b)$ und N ein Wort mit den Merkmalen $(c \rightarrow d)$ ist und wenn MN eine Konstruktion ist,[45] dann ist MN eine verkettende Konstruktion, wenn die semantische Struktur von MN zum Beispiel $(a, c \rightarrow b \rightarrow d)$ ist. Das heißt, daß in der Bedeutung jeder Konstituente wenigstens ein Merkmal ist, das in der Bedeutung der gesamten Konstruktion in eine Häufung eintritt. Wir sagen, daß eine Konstruktion vollständig verkettend ist, wenn alle Merkmale aller Konstituenten eine einzige Häufung bilden wie $M(a, b) + N(c, d) = MN(a, b, c, d)$.

Eine Konstruktion, in der die Merkmale der Konstituenten keine neue Häufung bilden, ist nicht-verkettend. Die folgenden Formeln sind Beispiele einiger nicht-verkettender Konstruktionen:

(31) (i) $M(a \rightarrow b) + N(c) = MN(a \rightarrow b \rightarrow c)$
      (ii) $M(a \rightarrow b) + N(c \rightarrow d) = MN(a \rightarrow b \rightarrow c \rightarrow d)$
      (iii) $M(a, b) + N(c, d) = MN(a, b \rightarrow c, d)$

In § 3.22 kommen wir auf die Subklassifizierung nicht-verkettender Konstruktionen zurück.

In KF werden alle Konstruktionen oberflächlich als nicht-verkettend dargestellt, aber in Wirklichkeit als verkettend behandelt. Wir hoffen, einige Trugschlüsse dieses Ansatzes zu vermeiden, indem wir die Unterscheidung zwischen Häufungen und Konfigurationen beachten.

3.2 Konstruktionstypen

3.21 Verkettung

Verkettung ist also derjenige semantische Prozeß, der die Bildung ungeordneter Mengen von semantischen Merkmalen zum Ergebnis hat. Als vorläufiges Beispiel einer syntaktischen Konstruktion, die die semantische

---

[44] Zu bestimmten Aspekten des Begriffs der Tautologie vgl. Katz (1964 b).
[45] Das heißt: die Syntax enthält eine Kategorie A, so daß $A \rightarrow M + N$.

Wirkung der Verkettung hat, wollen wir die Konstruktion Attribut + Grundwort (im Englischen und sehr vielen anderen Sprachen) nehmen.[46] Von einer Konstruktion wie *white* + *wall* läßt sich sagen, daß sie die semantische Wirkung hat, eine Einheit zu bilden, die genau die semantischen Merkmale von *white* und *wall* besitzt; mit anderen Worten: alles, was eine weiße Wand ist, ist eine Wand und ist weiß.

Bis hierher ist alles ganz traditionell. Aber eine explizite Theorie muß sich, wenn sie angemessen sein soll, mit heikleren Problemen auseinandersetzen.

3.211. Wenn die Verkettung die Bildung einer Häufung (ungeordneten Menge) von Merkmalen zur Folge hat, müßte die neue Häufung ihrerseits unbeschränkt verkettbar sein mit Bedeutungen, mit denen ihre einzelnen Komponenten verkettbar sind, und die Reihenfolge der Schritte müßte irrelevant sein. Wenn zum Beispiel (*a*), (*b*) und (*c*) Bedeutungen von Wörtern sind, so ergibt ihre Verkettung in beliebiger Reihenfolge definitionsgemäß die gleiche Häufung (a, b, c); überdies müßten (a, b) und (b, c) und (a, c) allesamt mögliche Häufungen sein. Dies wäre in der Tat der Fall, wenn wir zum Beispiel haben: (*a*) = *white*, (*b*) = *wall*, (*c*) = *thick*; wir erhalten dann *thick white wall, white wall, thick wall* und *thick white (one)*.[47] Wir wollen nun diese attributiven Konstruktionen mit den prädikativen Ausdrücken vergleichen, von denen sie syntaktisch abgeleitet sind. Es ist schwierig, irgendwelche feinen semantischen Unterschiede zwischen den Konstruktionen in (32) festzustellen. Der volle

(32)
    (i) *The wall is white.*
    (ii) *... the wall which is white ...*
    (iii) *... the white wall ...*

Satz (32 i) kann aber auch durch einen anderen Mechanismus nominalisiert werden, wie die Schritte im Beispiel (33) zeigen. Es stellt sich nun heraus,

(33)
    (i) *The wall is white.*
    (ii) (*) *... the wall's being white ...*
    (iii) *... the wall's whiteness ...*

daß sich die nominalen Ausdrücke (32 iii) und (33 iii) verschieden ver-

---

[46] Das Beispiel ist deshalb vorläufig, weil attributive Konstruktionen häufig die Wiedergabe von Prädikaten der Tiefenstruktur auf der Oberfläche sind. Durch die folgende Erörterung wird die Analyse etwas realistischer.

[47] Wenigstens um des Arguments willen wollen wir annehmen, daß das Formativ *one* durch eine obligatorische Transformationsregel eingeführt wird.

halten, wenn sie Subjekte des gleichen Prädikats sind wie in (34):

(34)   (i) *The white wall is astonishing.*
             (ii) *The whiteness of the wall is astonishing.*

Es scheint, als ob in (34 i) die Bedeutung der drei Wörter *white, wall* und *astonishing* wirklich die neue Häufung bildeten, die in der zusammengesetzten attributiven Konstruktion *astonishing white wall* wieder erscheint; dagegen hat in (34 ii) das Wort *white(ness)* eine Vermittlerfunktion. Verschiedene Arten der Darstellung dieser Funktion müssen erforscht werden.

a) Wir können sagen, daß sich *astonishing* – das Prädikat des Matrixsatzes – mit *wall is white* zu einer unauflösbaren Prädikation (Assertion) verkettet. In diesem Fall hätte die Prädikation nicht die gleiche semantische Form wie die Attribution,[48] sondern die semantischen Merkmale, die durch die Prädikation verbunden sind, müßten eine Klammerung beibehalten, die mit der Subjekt-Prädikat-Unterteilung in Zusammenhang steht, und nur die Bildung eines Attributs würde die Tilgung der Klammerung nach sich ziehen wie in (35):

(35)   Prädikation: $(a) + (b) = ((a)\,(b))$
             Attribution: $((a)\,(b)) > (a, b)$

Wie sich in § 3.221 zeigen wird, sind unauflösbare Prädikationen an einer anderen Stelle in der semantischen Theorie in der Tat erforderlich. Hier jedoch scheint ein solcher Begriff gleichbedeutend mit dem Verzicht auf eine Analyse.

b) Wir können sagen, daß sich *astonishing* mit *white(ness)* verkettet, aber nicht mit *wall*. (Dies würde gut mit der Möglichkeit übereinstimmen, das Subjekt des eingebetteten Satzes unbestimmt zu lassen: *Whiteness is astonishing.*)[49] Wie erwähnt, sieht die Theorie tatsächlich unvollständige Verkettung vor, aber eine solche Wirkung wurde nur ins Auge gefaßt,

---

[48] Wenn eine der Nominalisierungstransformationen – entweder die in (32) oder die in (33) dargestellte – eine semantische Wirkung hat, wäre das Prinzip der Neutralität aller Transformationen im Hinblick auf die Bedeutung (§ 3.1) umgestoßen. Wir können jedoch die semantische Veränderung, die sich in einem der beiden Prozesse – vorzugsweise dem in (33) – feststellen läßt, nicht der Wirkung der Transformation, die *wall is white* in *wall's whiteness* umwandelt, zuschreiben, sondern, wie die Transformation selbst, der Folge der Einfügung eines Satzes an dem mit S beschrifteten Knoten, der von Nomen dominiert wird. Der semantische Unterschied würde dadurch mit dem Unterschied in der Stelle, an der S in der Tiefenstruktur des Satzes eingebettet ist, in Zusammenhang gebracht.

[49] Vgl. Chomsky (1965, S. 186).

wenn eine der Konstituenteneinheiten eine Konfiguration war. Angenommen z. B., daß die Bedeutung von *chair* als die Konfiguration $(g \rightarrow h)$ gegeben ist, wobei $g = \rangle$Möbel‹ und $h = \rangle$sitzen‹, und angenommen, die Bedeutung von *black* ist als (i) gegeben. Die Bedeutung von *black chair* würde dann durch $(i, g \rightarrow h)$ dargestellt, das heißt: die Merkmale ›schwarz‹ und ›Möbel‹ würden eine neue Häufung (i, g) bilden, aber nicht ›schwarz‹ und ›sitzen‹. Eine solche Analyse wäre jedoch im vorliegenden Fall kaum wünschenswert. Denn dann müßte die semantische Beziehung zwischen *wall* und *white(ness)* in (34ii) etwas anderes sein als eine Verkettung – und dennoch wurde von den gleichen Wörtern in (33i) gesagt, daß sie verkettet seien, und ihre Beziehung in (34ii) scheint intuitiv dieselbe zu sein wie in (33i).

c) Wenn wir (34ii) und *The wall is astonishing* einander gegenüberstellen, sind wir versucht, (34ii) als ›die Wand ist erstaunlich, insoweit als sie weiß ist‹ zu interpretieren. Das Attribut *white* in (34i) identifiziert, wenn es restriktiv ist, eine bestimmte Mauer in einer Menge von Mauern als diejenige, die erstaunlich ist. Wenn es nicht-restriktiv ist, fügt es nebensächliche Information über die Mauer, die erstaunlich ist, hinzu. In (34ii) jedoch scheint die Weißheit der Mauer im Mittelpunkt zu stehen als die Ursache ihrer Erstaunlichkeit oder die Hinsicht, in welcher sie erstaunlich ist. Wenn $(a) = wall$, $(b) = white$ und $(c) = astonishing$ ist, können wir diese Analyse durch die folgenden Notationen darstellen:

(36) (i) $(b) = \ldots$ *white* $\ldots = \ldots$ *the white one* $\ldots$
    (ii) $(a, b) = $ *The wall is white* $= \ldots$ *the white wall* $\ldots$
   (iii) $(a, c) = $ *The wall is astonishing* $= \ldots$ *the astonishing wall* $\ldots$
   (iv) $(a, {}^b c) = $ *The wall's whiteness is astonishing.*
    (v) $(b, c) = $ *The white one is astonishing.*
   (vi) $(., {}^b c) = $ *Whiteness is astonishing.*
  (vii) $(a, {}^c b) = $ *The wall is astonishingly white.*

In einer früher veröffentlichten Darstellung semantischer Prozesse (Weinreich 1963a, S. 130ff.) wurde von der Erscheinung der Verkettung gesagt, daß sie auf verschiedenen Ebenen innerhalb eines einzigen Satzes vorkommen könne. Wenn *wall + white* eine Einheit x bilden, so daß x eine Wand ist und x weiß ist, dann bilden *astonishingly + white* eine Einheit f, so daß f Weißheit ist und f erstaunlich ist. In Übereinstimmung mit Reichenbachs Modell des höheren Funktionenkalküls habe ich behauptet, daß in der komplexen Konstruktion *wall + astonishingly + white* zwei Einheiten x und f gebildet werden, so daß x eine Wand ist und $x f$ ist und f Weißheit ist und f erstaunlich ist. (Eine ähnliche formale Darstellung,

40

die die Theorie der Semantik kaum über die Oberflächlichkeiten der Syntax hinausführt, wird von Schmidt 1962, S. 66, 124f. gegeben.) Die vorliegende Analyse versucht dem formalen Begriff der Verschiebung von Ebenen konkreteren Inhalt zu geben, indem sie vorschlägt, daß eine Prädikation den Bezug angibt, in welchem die andere Prädikation behauptet wird.

3.212. Eine andere Erscheinung der natürlichen Sprache, die eine explizite semantische Theorie zur Kenntnis nehmen muß, könnte man ›unreine Verkettung‹ nennen. Wenn der Verkettungsprozeß in der Weise vor sich gehen würde, wie wir ihn bis jetzt beschrieben haben, würden wir erwarten, daß die Konstruktionen *detective woman* und *woman detective* völlig synonym wären, und ein Satz wie (37) widersprüchlich wäre (das Beispiel stammt von Wells 1954, S. 127). Keines von beiden ist jedoch der Fall.

(37)   *A small elephant is big.*

Offenbar sind die Merkmalmengen, auf die *a women who is a detective* und *a detective who is a woman* reduziert werden, nicht ganz dieselben; und die Ausdrücke *big* und *small*, obwohl sie wechselseitig widersprüchlich sind,[50] werden nicht einfach von einer einzigen Einheit *elephant* ausgesagt. Es scheint daher, daß die Merkmale in einer verkettenden Häufung (wenigstens bei einigen Merkmalen und einigen Konstruktionen) geordnet sind (mit demjenigen Merkmal an erster Stelle, welches mehr ›emphatisch‹ oder in den Vordergrund geschoben ist); und die Verbindungsregel würde aufgehoben, so daß gilt: $((a, b), c) \neq (a, (b, c))$. Von Unter-Häufungen von Merkmalen kann dann gezeigt werden, daß sie Neigungen zur Spezialisierung im Kontext aufweisen: das a von (a, b) wäre nicht identisch mit dem a eines (a, c): Kleinheit bei Elefanten wäre dann verschieden von sonstiger Kleinheit. Und dennoch wäre es unökonomisch, diese Beschränkungen allen Häufungen aufzuerlegen, denn in der Mehrzahl der Fälle sind Sätze wie *an Adj₁ Noun is Adj₁* tautologisch.

3.213. In meiner früher veröffentlichten Darstellung wurde vorgeschlagen, daß ein Subjekt Verkettungen nicht nur mit adjektivischen und nominalen Prädikaten eingeht (wie *the girl is musical, the girl is a singer*), sondern auch mit verbalen Prädikaten (*the girl sings*). Kritiker dieser Arbeit haben mit großer Überzeugungskraft ins Feld geführt, daß die semantische Ähnlichkeit zwischen einer Substantiv-Adjektiv- und einer Substantiv-Verb-Beziehung weit davon entfernt ist, durchsichtig zu sein, und daß die Anordnung beider Beziehungen unter einem einzigen Oberbegriff wie ein unnatürlicher Kunstgriff erscheint. Und doch muß die

---

[50] Zu einigen Aspekten der Widersprüchlichkeit vgl. Katz (1964 b).

formale Ähnlichkeit dieser Beziehungen irgendwie in der Theorie analytisch dargestellt werden, in Anbetracht der semantischen Äquivalenz von *she sings* und *she is a singer* und der Möglichkeit von Definitionen wie *singer* = ›one who sings‹.[51] Die Unterscheidung zwischen Konfigurationen und Häufungen, die in der vorliegenden Arbeit eingeführt wird, könnte eine Lösung liefern. Wir haben gesagt, daß, wenn eine Konfiguration in eine verkettende Konstruktion eintritt, nur eines der Merkmale an der Verkettung teilhat (vgl. das Beispiel *black chair*). Die Bedeutung mancher Verben kann demgemäß als eine Konfiguration von zwei Elementen dargestellt werden; das erste ist ein Merkmal, das Handlung oder Vorgang (oder nur ›Verbheit‹; vgl. Anm. 65) bedeutet, wogegen das andere Element den semantischen Rest wiedergibt. In einer Konstruktion mit einem Substantiv als Subjekt verkettet sich das Merkmal Vorgang mit der Bedeutung des Substantivs, aber der Rest der Konfiguration nicht; mit anderen Worten: eine Subjekt-Verb-Konstruktion ist, obgleich verkettend, doch nicht vollständig verkettend.

Diese Analyse trifft, auch wenn sie nützlich ist, keineswegs auf Verben jeglicher Art zu. Ein intransitives Verb wie *stand* scheint keine anderen Merkmale zu enthalten als die Häufung von Merkmalen von etwa dem adjektivischen Prädikat (*be*) *erect*. Andererseits haben manche Verben (vgl. § 3.221 c) verschiedene kompliziertere Strukturen, als sie z. B. *sing* hat. Außerdem sollte die Analyse nicht so aufgefaßt werden, daß sie impliziert, daß die Bedeutung jedes Adjektivs notwendigerweise frei von Konfigurationen ist: es ist sonst schwer zu sehen, wie die Komponenten von, sagen wir, *meticulous* (›achten auf‹ → ›Einzelheiten‹) ohne Konfigurationen dargestellt werden könnten.

3.214. Abschließend können wir darauf hinweisen, daß, weil die Verkettung eine semantische und nicht eine syntaktische Eigenschaft einer Konstruktion ist, die Menge verkettender Konstruktionen in einer Sprache – vom Standpunkt der Grammatik aus – durch Aufzählung gegeben wird.[52]

---

[51] Diese Ansicht entspricht der mittelalterlichen Auffassung (z. B. Thomas von Erfurt, um 1350) vom einzigen das Sein ausdrückenden Verb (*esse*), welches als Teil mit nominalen Prädikaten zusammengesetzt wird, aber mit verbalen Prädikaten konjugationsmäßig ›verschmilzt‹. Diese Auffassung wurde von Leibniz befürwortet, und sie war es offenbar, die Bopp zur vergleichenden Analyse der Konjugationen der alten indogermanischen Sprachen führte (Verburg 1951).

[52] Das herkömmlicherweise ›Modifikation‹ genannte Muster kann als Verkettung ohne Prädikation erklärt werden; d. h. es umfaßt jede Verkettung außer zwischen den Subjekten und Prädikaten, die auch auf der Oberflächenstruktur einen vollen Satz bilden. Lees' Versuch (1961), eine rein syntaktische Defini-

Im Verlauf der vorangegangenen Erörterung wurden verschiedene englische Beispiele verkettender Konstruktionen gegeben: Substantive in Subjektsfunktion mit Hauptverben, Substantive in Subjektsfunktion mit prädikativen Substantiven und prädikativen Adjektiven, Hauptverben mit Adverbialen der Art und Weise, deskriptive Adverbien mit Adjektiven. Es ist unwahrscheinlich, daß es noch viele, oder überhaupt noch andere verkettende Konstruktionen in der Sprache gibt.

Da die wenigen Konstruktionen in der Grammatik, auf welche semantische Verkettung zutrifft, durch eine Liste gegeben sind, können sie in der kategorialen Komponente durch eine Notation ähnlich der oben vorgeschlagenen (Anm. 32) bestimmt werden. Wie eine solche Notation gebraucht werden kann, wird in § 3.51 e) an Beispielen gezeigt.

3.22 Nicht-verkettende Konstruktionen

Obwohl die Unterteilung der nicht-verkettenden Konstruktionen theoretisch weniger fest begründet ist als die fundamentale Unterscheidung zwischen verkettenden und nicht-verkettenden, wird hier eine Reihe von versuchsweisen Vorschlägen unterbreitet, die durch weitere Forschungen bestätigt oder widerlegt werden könnten.

3.221 Einnistung

Eine einnistende Konstruktion ist eine Konstruktion, die keine neuen Häufungen von Merkmalen erzeugt. Wenn M (a) und N (c) Wörter mit ihren semantischen Merkmalen sind und wenn MN eine Konstruktion ist, dann wird die semantische Wirkung dieser Konstruktion als Einnistung beschrieben, wenn sie die Konfiguration $(a \rightarrow c)$ ergibt, die n i c h t als eine Häufung (a, c) darstellbar ist.

Angenommen, die Bedeutung von *fix* wird durch (a, b) und diejenige von *teeth* durch (c, d) dargestellt; dann ist die Bedeutung von *fix + teeth* darstellbar als die Konfiguration $(a, b \rightarrow c, d)$. Es ist zu beachten, daß die gleiche Konfiguration auch (Teil der) Bedeutung eines einzelnen Wörterbucheintrags sein kann, im vorliegenden Fall – von *dentist*. Vgl. auch *to make hay = to hay* usw.

Die einnistende Konstruktion ist eindeutig dazu bestimmt, eine formale Darstellung des intuitiven Gefühls der T r a n s i t i v i t ä t zu liefern. Es gibt nicht den geringsten Zweifel, daß eine semantische Theorie der natürlichen Sprache nicht ohne sie auskommen kann.[53]

Unsere Auffassung der Einnistung (einer Konstruktion, die nicht eine Häufung von Merkmalen ergibt) ist zugegebenermaßen negativ. Einige Logiker, die sich mit der Unanwendbarkeit der syllogistischen Logik auf transitive Beziehungen beschäftigt haben, haben sich in der Tat mit einer negativen Charakterisierung begnügt. Vorschläge mit einer positiveren Auffassung waren nicht besonders überzeugend.

a) Reichenbach (1948), der adverbiale Modifikation einstelliger Prädikate als Verkettung auf einer anderen Ebene erklärte,[54] wollte Einnistung auf ähnliche Weise behandeln; gerade so wie *singing loud* eine Art von Singen ist (und *munching* vermutlich eine Art von Essen), so ist auch *singing arias* eine Art von Singen. Dies scheint ziemlich unangemessen, da (38 i) die Prädikation (39) – eine explizite Verkettung – nach sich

(38)   (i) *The lady sings loud.*
                (ii) *The lady sings arias.*

zieht, aber (38 ii) keine verkettende Beziehung zwischen *sing* und *arias* auf irgendeiner Ebene beinhaltet.

(39)   *The (lady's) singing is loud.*

b) Einige Forscher haben geglaubt, daß die semantische Form von Ausdrücken wie (38 ii) ein zweistelliges Prädikat enthält — eine Relation mit *lady und aria* als ihren Argumenten (z.B. *Sing (lady, aria)* oder, schematisch, $R(a,b)$ oder *aRb*). Diese Darstellung leugnet, daß die Metarelation eines der beiden Argumente zur Relation von der des anderen Arguments verschieden ist (Weinreich 1963a, Anm. 31). In der von Schmidt (1962) entwickelten Fassung ist dieser Ansatz nicht imstande, die Tilgung eines Objekts in einer transitiven Konstruktion zu symboli-

---

[53] Katz (1964 b) verfängt sich rasch in den Unzulänglichkeiten von KF, wenn er sich daran macht festzustellen, warum *Old men like young girls* nicht widersprüchlich ist, dagegen aber *Old men are young.* Nach unserer Theorie ist die Antwort klar: *like ... girls* ist keine verkettende Konstruktion und es gibt nichts, was der Amalgamierung von Pfaden in KF im Hinblick auf diese Bestandteile eines Satzes entspricht. – Es ist wichtig festzuhalten, daß dann, wenn von allen Konstruktionen angenommen würde, daß sie Konfigurationen (geordnete Mengen) ergeben, die Verbesserung an den Fehlern von KF unnötig groß wäre, da uns in diesem Fall gerade die Möglichkeit entgehen würde, den Unterschied zwischen denjenigen Konstruktionen, die Häufungen ergeben (Verkettung), und denen, die dies nicht tun (Einnistung u. a.), zu kennzeichnen.

[54] Zum Beispiel: *lady + sing + loud*: $(\exists x)\,(\exists f)\,lady\,(x)\,.\,f\,(x)\,.\,sing\,(f)\,.\,loud\,(f)$.

sieren; denn während (38 ii) als $R\,(a, b)$ analysiert wird, wird der Satz *The lady sings* auf völlig verschiedene Weise als $P\,(S)$ dargestellt.

c) Eine semantische Theorie, die globale Bedeutungen in Merkmale zerlegt, bietet Lösungen, die befriedigender sein können. Angenommen, wir postulieren als einen Grundbegriff ein semantisches Merkmal der Verursachung, symbolisiert als K. Die Bedeutung eines transitiven Verbs würde dann durch eine Konfiguration wie (40) dargestellt. Angenommen,

(40) $\qquad\qquad (a, b, K \to \qquad , u, v)$

das Subjekt des Verbs hat eine Bedeutung, die von (f, g) dargestellt wird, und das Objekt des Verbs hat eine Bedeutung, die von (m, n) dargestellt wird. Die Subjekt + Verb + Objekt-Konstruktion würde dann die Konfiguration $(a, b, f, g, K \to m, n, u, v)$ ergeben. Umschrieben ausgedrückt bedeutet dies: (f, g) verursacht ($=$ führt einen Zustand herbei, in welchem ist) eine Verkettung von (m, n) mit (u, v); und dies wird in der Art und Weise von (a, b) herbeigeführt. Angenommen z. B., das Verb, das in (40) schematisch dargestellt wurde, ist *spill* und (u, v) sind die Merkmale für *flow*, dann steht $(K \to u, v)$ für ›verursachen [etwas] zu fließen‹ und (a, b) bestimmt die Art und Weise näher, in welcher dies ausgeführt wird (z. B. aus einem Gefäß, nicht in einen Behälter usw.). Einige Häufungen (u, v) entsprechen wirklichen Wörtern in der Sprache wie in dem gerade analysierten Beispiel. In vielen Sprachen ist die Ableitung transitiver Verben mit der Form (40) aus intransitiven Verben mit der Form (u, v) und umgekehrt tatsächlich ein ziemlich produktives Muster (wie das englische *to burn, to crack* usw.). Im Gegensatz dazu scheinen andere Häufungen (u, v) keinen wirklichen Wörtern zu entsprechen (*read a book* = ›verursachen ein Buch zu ...?‹). Man könnte natürlich notfalls zur passiven Konverse des Verbs greifen (*read a book* = verursachen ein Buch gelesen zu werden‹), aber diese mechanische Analyse ergibt keine tiefere Einsicht in die semantische Struktur.

Es ist keineswegs sicher, daß alle transitiven Wörter einer Sprache in der hier erörterten Weise funktionieren. Andererseits ist bereits bekannt, daß sich viele Verben, die indirekte Objekte erfordern, mit Hilfe von Konfigurationen mit zwei leeren ›Schlitzen‹ darstellen lassen wie *show* _____ *to* __ = ›verursachen __ zu sehen _____‹.[55]

Wie die verkettenden Konstruktionen werden auch die einnistenden Konstruktionen einer Sprache durch Aufzählung gegeben. Die Konstruktionen im Englischen, die Einnistung enthalten, lassen sich wohl beschrän-

---

[55] Eine erste Erforschung der Beziehung zwischen Transitivität und Kausalität wurde von Bendix (1965) auf sprachvergleichender Grundlage durchgeführt. Die Erörterung hier beruht teilweise auf seinen Ergebnissen.

ken auf Hauptverb + (Objekts-) NP und Präposition + (Objekts-) NP sowie auf die verschiedenen Ergänzungen (die sich in einfachere syntaktische Begriffe zerlegen lassen). Verb schließt hier gewisse Komplexe aus Verb + Partikel ein, z. B. *wait + for, wait + on* usw. (Zu Idioms vgl. § 3.442.) Die temporalen und lokativen Konstruktionen, die ›Verben der Dauer‹ und ›Verben der Bewegung‹ begleiten (wie *walk home, reach America, last hours* usw.), lassen sich vielleicht auch als einnistende Argumente auffassen.

Das Objekt einer einnistenden Konstruktion kann ein ganzer Satz sein. In diesem Zusammenhang müssen wir wieder (vgl. § 3.211) zwischen verkettenden und anderen Komplexen unterscheiden. Das Objekt von *like* in (41 i) scheint eine einfache Häufung von Merkmalen zu sein, wie sie sich durch die Verkettung der Merkmale von *wall* und *white* in dem zugrundeliegenden Satz (32 i) ergeben würde. Dies gleicht dem Verfahren in (34 i). Dagegen scheint in (41 ii) – einem Satz, der eine adjektivische Ergänzung enthält, – die Verkettung von *white* und *wall* von der Einnistung des Ganzen bei *like* abhängig zu sein und umgekehrt. Dies läuft parallel zu der Erscheinung, die (34 ii) zeigt. Tatsächlich können wir den semantischen Wert von Ergänzungen formal als eine Verkettung in einnistender Position darstellen, wobei die beiden Vorgänge voneinander abhängig sind. Andererseits ergeben sich aus (41 iii) Schwierigkeiten, wie

(41) (i) *I like the white wall.*
(ii) *I like the wall white.*
(iii) *I like the wall's whiteness (the whiteness of the wall).*

sie in Verbindung mit der Verkettung allein nicht auftreten, denn wir können eine Behauptung wie die in (42) ohne Widersprüchlichkeit aufstellen, wogegen es viel schwieriger ist, Sätze, die (34 ii) entsprechen, zu finden, die sich ohne Widersprüchlichkeit in derselben Weise modifizieren

(42) *I don't like the wall, but I like its whiteness.*

ließen.[56] Offenbar ist ein feinerer theoretischer Apparat als der bisher skizzierte erforderlich, um Sätze wie (41 iii) zu erklären. Wie bei der Erörterung von (35) angedeutet, können Prädikationen durch ein semantisches Merkmal gekennzeichnet werden, welches in einigen einnistenden Positionen nicht tilgbar ist.

---

[56] *The wall isn't astonishing, but its whitness is* erscheint mir weit problematischer als (42).

3.222 Begrenzung

Ein Typ einer nicht-verkettenden Konstruktion, der von der Einnistung verschieden zu sein scheint, kann Begrenzung genannt werden (vgl. Schmidt 1962, S. 100, 121). Eine Wirkung der Begrenzung ist es, die Klasse der Referenten eines Zeichens einzuschränken, z. B. das allgemeine *sheep* in *some sheep, these sheep, five sheep, one sheep* usw. umzuwandeln. Die ausdrückliche Verneinung der Einschränkung (*all sheep*) kann als Grenzfall der Begrenzung gesehen werden. Es läßt sich feststellen, daß die Kriterien zur Begrenzung einer Klasse ganz verschiedenartig sind: dabei kann Quantifizierung eine Rolle spielen – sowohl numerische (*five sheep*) wie nicht-numerische (*some sheep*) – wie auch Deixis entweder auf Grund des Brennpunktes des Interesses (*these sheep* = Schafe, die im Brennpunkt des Interesses des Sprechers stehen), oder auf Grund der Einheit des Gesprächs (*the sheep* = Schafe, die in diesem Gespräch erwähnt werden).

Sicher könnte jede Verkettung auch als eine Begrenzung gesehen werden: zum Beispiel begrenzt *black sheep* die Klasse der Schafe auf die Mitglieder, die sowohl Schafe als auch schwarz sind. Jedoch scheinen sich Quantifizierung und Deixis, obwohl es vielleicht nichts Positives gibt, was sie verbindet, von Attributen dadurch zu unterscheiden, daß sie keinen prädikativen Ausdrücken in der Tiefenstruktur entsprechen (d. h. es gibt *sheep are black*, aber nicht **sheep are three* oder **sheep are the*). Die Kriterien, nach denen eine Klasse durch Quantifizierung und Deixis begrenzt wird, sind überdies äußerst allgemein und unabhängig von den semantischen Merkmalen der begrenzten Klasse. Es ist bedeutsam, daß die Mittel zur Begrenzung in sehr vielen Sprachen syntaktisch verschiedenartig sind.

Beschränkungen der potentiell universalen Gültigkeit einer Aussage können ebenfalls als eine Erscheinung der Begrenzung betrachtet werden. Dies umfaßt verschiedene Entsprechungen der Quantifizierung, insofern sie unabhängig vom besonderen Inhalt des Prädikats sind – d. h. Ausdrücke wie (*he sleeps*) *a lot*, (*he is*) *very* (*concerned*), *completely* (*finished*) usw. Einige Verben scheinen, zusammen mit quantifizierenden Ergänzungen, in einer begrenzenden Funktion wirksam zu sein (*to weigh eight pounds*).

Eine typische Art und Weise der Begrenzung der potentiell universalen Gültigkeit einer Verkettung ist es, sie in der Zeit zu beschränken, z. B. auf die Vergangenheit, auf die Gegenwart usw. Folglich sollten zeitliche Modifikatoren von Prädikatsausdrücken vielleicht zu denjenigen Elementen gezählt werden, die begrenzende Konstruktionen bilden. Die enge Beziehung zwischen Tempus und Negation zeigt sich in Verben wie *be-*

come und *get* (*become* X = ›nicht X sein vorher und X sein nachher‹; *get* Y = ›nicht Y haben vorher und Y haben nachher‹).[57]

Angenommen, die Bedeutungen von *boy* und *hungry* werden jeweils durch die Häufungen von Merkmalen (*a. b*) und (*c, d*) dargestellt. Ein Beispiel einer verkettenden Konstruktion (§ 3.21), in welcher die sich ergebende Bedeutung eine neue Häufung (*a, b, c, d*) ist, gibt der schematische ›Satz‹ *boy (be) hungry*. Wir wollen nun eine Verkettung betrachten, deren potentiell universale Gültigkeit zweifach beschränkt ist: Hunger wird nur von e i n i g e n Jungen ausgesagt und von dem sich ergebenden ›Some boys (be) hungry‹ wird behauptet, daß es nur bis zu einem bestimmten Augenblick in der Zeit gilt – nämlich bis zum Augenblick des Sprechens. In dem daraus folgenden ›Satz‹ *some boys Past (be) hungry* üben die Ausdrücke *some* und Past eine Funktion der Begrenzung aus. Wenn wir diese Funktion mit dem Symbol Ξ bezeichnen und für den Augenblick von einer Analyse der inneren Struktur von Ξ absehen, könnten wir die Bedeutung des Satzes als eine unterbrochene Häufung darstellen, etwa: (*a, b* Ξ *c, d*).

Angemessene Konventionen ließen sich einführen, um den Bereich von Ξ zu regeln. Aber eine vollständigere Analyse würde aller Wahrscheinlichkeit nach erfordern, daß das Wirken der Begrenzung auf das Subjekt getrennt von dem auf das Prädikat dargestellt würde. In dem vorliegenden Beispiel müßte man dann die Funktion von *some* und von Past getrennt darstellen, anstatt sie unter einem einzigen Symbol wie Ξ zu vereinen. Einerseits sind die besonderen semantischen Merkmale der begrenzenden Elemente von Subjekten und Prädikaten oft verschieden (in der Syntax sind sie gewöhnlich ganz deutlich getrennt). Man beachte, daß, sogar wenn das Prädikat eine Nominalphase ist, die Wahl von Determinatoren und Zahlwörtern erheblich beschränkt ist.[58] Außerdem sind Begrenzungen, die denjenigen des Subjekts ähneln, auf Nominalphrasen anwendbar, die als einnistende Argumente fungieren (mit Verben: *I saw three boys*; oder mit Präpositionen: *after three boys*). Folglich ist es wohl besser, daß Begrenzung nicht durch ein kumulatives Symbol wie

---

[57] Vgl. das reiche Beispielmaterial bei Bendix (1965). Ich bin jetzt der Ansicht, daß ich mich in meiner früheren Abhandlung zu eng an Reichenbachs physikalistisches Modell gehalten habe, indem ich Zeit nur als ein weiteres einnistendes Argument betrachtet habe. Schmidts Behandlung der Temporale als Prädikatenprädikate (1962, S. 44f. u. ö.) mangelt, abgesehen von seiner Unvollständigkeit, an Einsichten. – Möglicherweise ist auch der fakultative lokative Ausdruck zu den Begrenzungen zu rechnen.

[58] Vgl. die Erörterung einiger solcher Beschränkungen im Englischen bei Smith (1963).

Ξ dargestellt wird, sondern getrennt: z. B. durch δ für Subjektsbegrenzung und ξ für Prädikatsbegrenzung. *Some boys* Past *(be) hungry* würde nun erscheinen als δ *(a, b)* ξ *(c, d)* oder – nach einer anderen Konvention im Hinblick auf die Bereiche – als ξ *(c, d)* δ *(a, b)*.

3.223 Modalisierung

Noch eine weitere nicht-verkettende Wirkung, die sowohl von der Einnistung wie auch von der Begrenzung verschieden zu sein scheint, kann als die Anweisung gesehen werden, die zusammengesetzte semantische Einheit nicht wörtlich aufzufassen, sondern mit einer gewissen Qualifikation wie die Aufhebung des Glaubens an die Wahrheit einer Aussage oder die Ablehnung der Verantwortung für deren Wahrheit.[59] Diese Funktionen werden in vielen Sprachen von besonderen Konjugationskategorien (Modi, Evidenzformen) oder von ›Satzadverbien‹ (*perhaps, certainly*) u. ä. übernommen. Semantisch damit verbunden sind Ausdrücke, die anzeigen, daß semantische Merkmale nicht wörtlich zu nehmen sind (*so-called, like, ... or so*) oder, im Gegenteil, ganz wörtlich wie *(a) true (patriot)*. Das Kopula-Verb *seem (like)* scheint ebenfalls in dieser Funktion der Modalisierung aufzutreten, ebenso wie pseudo-transitive Verben wie *resemble X* (= ›nur scheinbar *X* sein‹).

In Anbetracht der äußerst provisorischen Natur dieser Vorschläge scheint es verfrüht, bereits eine Notation für diesen Konstruktionstyp anzugeben.

3.23 Zusammenfassung

Der Hauptzweck bei der semantischen Klassifizierung von Konstruktionen war es, zwischen verkettenden und nicht-verkettenden zu unterscheiden. Nicht-verkettende Konstruktionen erklären diejenigen Teile der Bedeutung eines Satzes, die sich n i c h t (durch irgendein Mittel wie die Projektionsregeln von KF) auf eine untergeordnete Menge zurückführen lassen; die verkettenden Konstruktionen erklären diejenigen Teile der Bedeutung eines Satzes, die sich darauf zurückführen l a s s e n.[60] Syllogistisches Rechnen läßt sich mit verkettenden Konstruktionen weiterführen, aber die

---

[59] Zu diesem Punkt ist Schmidts Behandlung von ›Existimationen‹ (1962, S. 88ff.) sehr lehrreich.

[60] Es kann einige intuitive Schwierigkeiten dabei geben, Subjekt-Verb-Konstruktionen als Beispiel von Verkettungen aufzufassen (vgl. § 3.213). Wenn solche Zweifel berechtigt sind, müßte man schließen, daß es sogar noch weniger Verkettung in der Sprache gibt, als hier angenommen wird.

Nützlichkeit der Verkettung in einer idealisierten Wissenschaftssprache berechtigt sie nicht dazu, das einzige Modell einer natürlichen Sprache zu sein. Nicht-verkettende Konstruktionen bleiben ein notwendiger Bestandteil einer zur Linguistik gehörenden semantischen Theorie.

Wenn Verkettung und Nicht-Verkettung wirklich eine spezifisch semantische Kategorie ist, wie hier behauptet wird, wäre es ermutigend, wenigstens ein minimales Gegensatzpaar in Form einer syntaktisch bestimmten Konstruktion, die sowohl eine verkettende als auch eine nicht-verkettende Bedeutung hat, zu finden. Die größte Annäherung an ein solches Paar läßt sich finden, wenn in einer praktisch kasuslosen Sprache wie Englisch die syntaktisch homogene Konstruktion V + NP aus semantischen Gründen in V + Prädikats-NP, welches verkettend ist, und V + Objekts-NP, welches nicht-verkettend ist, subkategorisiert wird. Beispiele dafür gibt (43).

(43)   (i) *The children formed a clique.*
         (ii) *The ministers constituted the government.*

Die Paare wären jedoch nur in einer unvollständigen Grammatik minimale Gegensatzpaare, in welcher die Knoten, die die Verben dominieren, nicht unterscheidend beschriftet sind, nämlich als Verb für die eine Menge von Lesarten und als Kopula für die andere. Es gibt in der Tat einige rein syntaktische Beweggründe, dafür zu sorgen, daß ihre Beschriftungen vervollständigt werden (wie die Unzulässigkeit von Adverbialen der Art und Weise bei Kopula-Verben). Außerdem ist die semantische Struktur jedes Verbs in jeder Bedeutung verschieden: das transitive *form* enthält ein Merkmal der Verursachung (= ›verursachte, daß eine Clique besteht‹; vgl. § 3.221, wogegen das kopulative *form* wenig mehr als ein Signal für die Verkettung enthält (= *the children became a clique*). Kurz gesagt, die Suche nach einem minimalen Gegensatzpaar im Hinblick auf die Unterscheidung Verkettung/Einnistung war erfolglos. Dies ist eine natürliche Folge des allgemeinen Grundsatzes, daß die Bedeutungen von einfachen und von komplexen Formen die gleiche Gestalt haben und in wechselseitiger Beziehung zueinander stehen.

Wir sparen uns die Untersuchung der semantischen Form von existentiellen Sätzen (wie *There is a wall around the garden*) und gewisser anderer nebensächlicher syntaktischer Muster (vgl. Weinreich 1963 a, S. 141 f.) für eine andere Gelegenheit auf.

Die Universalität des verkettenden und der drei nicht-verkettenden Mechanismen kann als ein spezifischer Anspruch der Theorie betrachtet werden. Wenn die kategoriale Komponente der Grammatik in allen Sprachen die gleiche ist, wie Chomsky (1965) nahelegt, dann wäre die

Spezifizierung jedes Konstruktionstyps mit Hilfe der Tiefenstruktur zugleich universell und müßte nicht in der semantischen Beschreibung von Einzelsprachen angegeben werden. Dies ist eine empirische Frage, für deren Beantwortung Material benötigt wird.

3.3 Übertragungsmerkmale

In § 2.24 haben wir die Analyse der Selektionsbeschränkungen in KF besprochen. Die Tatsache, daß *pretty* normalerweise nicht auf männliche Wesen anwendbar ist, ließe sich, wie wir gesehen haben, als Teil des Wörterbucheintrags von *pretty* angeben. Es hat sich jedoch auch gezeigt, daß, wenn der richtige Kontext in bezug auf [± Männlich] unbestimmt ist, das Wort *pretty* selbst ihn dann als [– Männlich] bestimmt.

Wir wollen [– Männlich] im Falle von *pretty* ein ÜBERTRAGUNGSMERK-MAL nennen und es durch Spitzklammern symbolisieren. Angenommen, $M(a, b \rightarrow)$ und $N(c, d)$ sind vorläufig formulierte Wörterbucheinträge und $M + N$ ist eine einnistende Konstruktion, dann wird die Bedeutung von $M + N$ durch $(a, b \rightarrow c, d)$ dargestellt. Aber angenommen, wir stellen fest, daß, wenn $N(c, d)$ mit $M(a, b \rightarrow \quad)$ zusammengesetzt wird, ein semantisches Merkmal w auftaucht, welches mit (c, d) eine Häufung bildet. Wir können dieses w wie folgt als ein ›Übertragungsmerkmal‹ von M darstellen:

(44) Gegeben: $M(a, b \rightarrow \langle w \rangle); N(c, d)$
Dann folgt: $M + N(a, b \rightarrow c, d, w)$

Ein Beispiel eines Übertragungsmerkmals wäre das Merkmal [+Zeit] in der Präposition *during* oder in der Postposition *ago*; das heißt: jedem Wort, welches mit *during* oder *ago* zusammengesetzt wird, wird ein Merkmal [+Zeit] übertragen. Das eingenistete Wort kann bereits ein inhärentes Merkmal haben, das mit dem übertragenen identisch ist (z. B. *during* [+Zeit] *the day* [+Zeit]); es kann in bezug auf dieses Merkmal unmarkiert sein (z. B. *during* [+Zeit] *it*); oder es kann ein widersprüchliches inhärentes Merkmal enthalten (z. B. *during* [+Zeit] *the wall* [–Zeit]). (Die Wirkung von Tautologien und Widersprüchen wird in § 3.51 weiter untersucht.) Ein anderes Beispiel: von der Bedeutung von *to sail* läßt sich sagen, daß sie sich von derjenigen von *to operate* durch die Anwesenheit eines Übertragungsmerkmals (etwa ›Wasserfahrzeug‹) unterscheidet, welches, wenn es auf einen neutralen Ausdruck wie *craft* übertragen wird, dieses als Wasserfahrzeug näher bestimmt. Wenn das Merkmal auf *ship* übertragen wird, fügt es keine neue Information hinzu; wenn es auf *car* übertragen wird, fügt es eine widersprüchliche Information hinzu, die eine weitere Erklärung erfordert (§ 3.51).[61] Im Falle von begrenzenden Konstruktionen können Übertragungsmerkmale dazu benutzt werden, Erscheinungen wie ›näher bestimmte Quantifizierung‹ darzustellen. So ist *herd* = ›Gruppe‹ ⟨›Vieh‹⟩, und damit *herd of animals* = ›Gruppe von Vieh‹.

Eine verkettende Konstruktion schafft, wie bereits gesagt wurde, eine neue Häufung von Merkmalen, die definitionsgemäß ungeordnet sind – d. h. in welcher der Ursprung jedes Merkmals in bezug auf die Konstituenten verwischt ist. Folglich scheint es, als ob die Unterscheidung zwischen inhärenten und Übertragungsmerkmalen in der Verkettung neutralisiert würde:

$$(45) \qquad (a, b, \langle w \rangle) + (c, d) = (a, b, w) + (c, d) = (a, b, w, c, d).$$

Mit anderen Worten: es gäbe keine formalen Gründe zur Unterscheidung von *pretty* = [+Gutaussehend, +Weiblich] und *pretty* = [+Gutaussehend, ⟨+Weiblich⟩]. (Das letztere könnte in einem herkömmlichen Wörterbuch als eine Beschränkung erscheinen: ›von weiblichen Wesen: gutaussehend‹.) Andererseits wäre es vielleicht wünschenswert, diese Unterscheidung sogar für Merkmalhäufungen beizubehalten, um die Tatsache wiederzugeben, daß ein Widerspruch zwischen einem Übertragungsmerkmal und einem inhärenten Merkmal (wie *pretty man, loud circle, the dog scattered*) weniger kraß ist als ein Widerspruch zwischen zwei inhärenten Merkmalen (*female man, square circle, numerous dog, slightly delicious*). Wir kommen auf diese Frage in § 3.52 zurück.

Wir wollen nun den Begriff der Übertragungsmerkmale mit dem Merkmalmechanismus, den Chomsky (1965, S. 93 ff.) entwickelt hat, vergleichen. In dieser Monographie gruppiert Chomsky syntaktische Merkmale in zwei Typen: inhärente und kontextuelle. Die kontextuellen Merkmale werden dann weiter unterteilt. Selektionsmerkmale eines Wortes W spiegeln inhärente syntaktische Merkmale von Wörtern im Kontext von W wider. Merkmale der strikten Subkategorisierung dagegen spiegeln die grammatischen Kategorien von Wörtern im Kontext von W wider.

Die Übertragungsmerkmale der vorliegenden Theorie scheinen den Selektionsmerkmalen Chomskys zu entsprechen; der Unterschied liegt

---

[61] Wie bereits bemerkt (§ 2.24) behandeln Katz und Postal (1964) die ›Absorption‹ von Selektionsbeschränkungen in die Menge der Marker eines Eintrags als eine Besonderheit der Pro-Formen; daher legen sie fest, daß Pro-Formen einen Marker (Selektor) enthalten, der diese Absorption in Gang bringt. Es ist klar, daß diese Erscheinung alle Konstruktionen erfaßt, nicht nur diejenigen, die Pro-Formen enthalten.

in der Tatsache, daß, während Chomskys Grammatik nur feststellt, ob die Selektionsmerkmale des Verbs mit den inhärenten Merkmalen der Substantive in seiner Umgebung übereinstimmen (und, wenn dies nicht der Fall ist, die unstimmigen Ausdrücke ausscheidet), unsere Theorie aktiver funktioniert – indem sie das Merkmal vom Verb auf die Substantive überträgt (vgl. § 3.51). Zum Beispiel würde die Tatsache, daß *educate* als Subjekt und Objekt Nomina mit dem Merkmal [+Belebt] ›erfordert‹, in unserem Wörterbucheintrag für *educate* mehr oder weniger wie in (46) dargestellt:

(46)   *educate* $(a, b, \text{K} \langle +\text{Belebt}\rangle \rightarrow \quad c, d \langle +\text{Belebt}\rangle)$

Andererseits müssen Chomskys kontextuelle Merkmale der strikten Subkategorisierung weiter zerlegt werden, bevor ihre semantische Bedeutung sichtbar wird. Ein Verb wie *become* hat nach Chomsky die syntaktischen Merkmale [+V, +____Adjektiv, +____Prädikats-Nominale]. Diese Notation gibt die Tatsache wieder, daß *become* ein Verb ist und entweder von einem Adjektiv oder von einem Prädikats-Nominale gefolgt sein muß. *Become* unterscheidet sich von *seem*, welches statt des Merkmals [+ ____ Prädikats-Nominale] das Merkmal [+ ____ *like* Prädikats-Nominale] hat: *become happy, seem happy; become a man*, aber *seem like a man*. Es ist jedoch offensichtlich, daß Adjektive, Prädikats-Nominale und Konstruktionen, die aus *like* + Prädikats-Nominale bestehen, alle dieselbe semantische Funktion erfüllen: sie verketten sich mit der präverbalen Nominalphrase und sind dabei einer zeitlichen Begrenzung (im Falle von *become*: ›früher nicht verkettet, jetzt verkettet‹) oder einer Modalisierung (im Falle von *seem*: ›verkettet, aber ohne daß der Sprecher dafür garantiert‹) unterworfen. Das Formativ *like*, das zwischen *seem* und einem Prädikats-Nominale erforderlich ist, kann als ein leeres Morph behandelt werden, als ein Element der Oberflächenkette, das von einer morphophonemischen Regel erzeugt wird. Damit faßt die semantische Theorie eine Menge von Verben zusammen, die Chomsky auf Grund von oberflächlichen Subkategorien trennt. Andererseits entspricht der Unterschied zwischen syntaktisch transitiven Verben wie *eat* [+V, +____NP] und intransitiven Verben wie *elapse* [+V, +____ ⧧] wirklich einem tiefenstrukturellen Unterschied in der Form ihrer semantischen Strukturen (man erinnere sich an die Erörterung von (40) als Schema für transitive Verben). Aber wieder wird die weitere Subklassifizierung transitiver Verben von Chomsky auf der Grundlage verhältnismäßig oberflächlicher Züge des syntaktischen Kontexts durchgeführt. So würden vermutlich die Unterschiede zwischen *believe, request* und *inquire* durch die folgenden Merkmale strikter Subkategorisierung aufgezeigt:

(47) $\qquad$ *believe* [+ V, . . . + __*that* S]
$\qquad$ *request* [+ V, . . . + __ *that* S]
$\qquad$ *inquire* [+ V, . . . + __ *whether* S]

Die Verschiedenheit der Konjunktionen (*that* oder *whether*) scheint hier eine Angelegenheit der Oberflächenstruktur zu sein. Von viel tieferer semantischer Bedeutung sind Tatsachen wie die folgenden (die nicht in Chomskys Analyse gezeigt werden): *believe* hat ein Übertragungsmerkmal ⟨Assertion⟩, das *request* nicht hat;[62] *request* seinerseits hat ein Übertragungsmerkmal ⟨Befehl⟩, das wahrscheinlich identisch ist mit dem Merkmal, welches Imperative bildet; und *inquire* hat ein Übertragungsmerkmal ⟨Frage⟩, das höchstwahrscheinlich identisch ist mit dem für direkte Fragen verantwortlichen Merkmal.[63]

3.4 Grammatik und Wörterbuch

Die Grammatik, mit der die vorliegende semantische Theorie vereinbar sein soll, enthält eine kategoriale Komponente und ein Lexikon. Von beiden wurde, wie wir gesehen haben (§ 3.1), postuliert, daß sie Subkomponenten der Basis sein sollen. Die kategoriale Komponente generiert präterminale Ketten; Wörterbucheinträge aus dem Lexikon werden dann in die passenden Stellen der präterminalen Kette eingefügt und ergeben einen generalisierten P-Marker.[64] Ein generalisierter P-Marker, der die Bedingungen für die obligatorischen Transformationen erfüllt, ist die Tiefenstruktur eines Satzes.

In diesem Kapitel wollen wir zeigen, daß manche semantischen Merkmale in der Derivation eines Satzes vor der Einfügung von Wörterbucheinträgen erscheinen müssen, und die Einfügung solcher Einträge im ein-

---

[62] Man beachte, daß Substantive, welche die Objekte von *believe* sein können – wie *story, rumor* usw. – [Assertion] als ein inhärentes Merkmal haben. Man beachte auch die Schwierigkeiten bei der Konstruktion von *believe* (aber nicht von *request!*) mit Substantiven, denen [Assertion] fehlt – wie *chair, rehearsal.* – Wir betrachten hier nicht die Bedeutung von *believe*, welche in *I believe him* oder *I believe in him* erscheint.

[63] Vgl. die Erörterung von (72). Katz und Postal (1964) analysieren die beiden letzten Verben als solche mit I-Morphem oder solche mit Q-Morphem.

[64] Chomskys Terminologie (1965) ist merkwürdig mit Anspielungen auf frühere Formulierungen seiner Theorie beladen. Wir sehen jedoch davon ab, die Terminologie zu revidieren, um den Vergleich der Theorien zu erleichtern. Der Terminus ›generalisierter P-Marker‹, wie er hier gebraucht wird, entspricht der ›Endkette‹.

zelnen untersuchen (§ 3.42). Als Vorbedingung dafür müssen wir die Klassifizierung von Wörterbucheinträgen betrachten (§ 3.41). Um die Untersuchung zu vereinfachen, werden wir zunächst annehmen, daß jeder Wörterbucheintrag ein Morphem ist. Wir werden uns in § 3.442 noch ausführlicher mit der Frage beschäftigen. Im folgenden wird keine Unterscheidung zwischen Wörterbuch und Lexikon gemacht.

3.41 Zentrale und randliche Morphemklassen

Es ist nützlich, eine formale Darstellung des Unterschieds zwischen zentralen und randlichen Morphemklassen in einer semantischen Theorie zu haben. In sehr vielen Sprachen sind die zentralen Klassen Substantive, Verben, Adjektive und Adverbien; die randlichen Klassen können Artikel, Präpositionen, Konjunktionen, Tempusaffixe usw. umfassen. Alle Glieder einer zentralen Klasse haben als einziges ein unterscheidendes semantisches Merkmal wie [+Nomen], [+Verb] usw. gemeinsam. Die Zahl der Glieder jeder zentralen Klasse kann demgemäß unbegrenzt erhöht werden; jedes neue Glied muß nur mit dem erforderlichen semantischen Merkmal versehen werden. Im Gegensatz dazu wird jede randliche Klasse durch Aufzählung angegeben und hat kein unterscheidendes semantisches Merkmal; daher können neue Glieder nicht beliebig hinzugefügt werden. (Die Frage, warum eine randliche Klasse wie Tempus, obwohl sie geschlossen ist, d o c h in der Lage zu sein scheint, semantisch zu charakterisieren, muß noch geklärt werden.)

Es ist unsere Absicht, daß das unterscheidende Merkmal jeder zentralen Morphemklasse, wie [+Nomen], als semantisch im vollsten Sinne des Wortes aufgefaßt werden soll;[65] aufschlußreichere Benennungen wären ›Dingheit‹ oder ›Substantialität‹, ›Qualität‹ (für [+Adjektiv]) usw. Doch diese Benennungen hätten auch wohlbekannte Nachteile. Wir übernehmen deshalb die Terminologie der Syntax. Die theoretische Rolle dieser Merkmale wird in § 3.51 weiter erörtert.

Was die randlichen Klassen betrifft, so identifizieren wir jedes ihrer Glieder durch einen s y n t a k t i s c h e n M a r k e r, der durch doppelte Klammern symbolisiert wird, wie in [[Präposition]]. Wir beanspruchen Klammern symbolisiert wird wie in [[Präposition]]. Wir beanspruchen keine semantische Bedeutung für diese syntaktischen Marker. Ein Morphem einer randlichen Klasse erscheint dann im Wörterbuch als eine Dreier-Gruppe (P, G, μ), in welcher P eine Folge von phonologischen

---

Merkmalen (systematischen Phonemen), G ein syntaktischer Marker und μ eine Menge von semantischen Merkmalen ist. Zum Beispiel:

(48) /wið/ [[Präposition]] [+Instrumentalität,...]

Da wir uns hier nicht mit phonologischer Analyse beschäftigen, vereinfachen wir die Darstellung, indem wir Morpheme in ihrer normalen orthographischen Form wiedergeben, d. h. *with* anstatt /wið/ (oder eine noch analytischere Merkmalnotation).

3.42 Semantische Merkmale in der kategorialen Komponente

Von den beiden alternativen Formulierungen der kategorialen Komponente, die von Chomsky (1965) angeboten wurden, übernehmen wir modifiziert diejenige, die keine kontextuellen Beschränkungen in der kategorialen Komponente enthält. Die präterminalen Ketten, die Chomskys kategoriale Komponente generiert, sind beschriftete Baumdiagramme, die zwei Arten von Symbolen enthalten: Kategoriensymbole (die aus dem ›nicht-terminalen Vokabular‹ der Sprache stammen) und ein festgelegtes ›Quasi-Symbol‹ △, welches eine Anweisung zur Einfügung eines Morphems aus dem Wörterbuch darstellt. Wir modifizieren diese Theorie, indem wir zwischen zwei Quasi-Symbolen unterscheiden: □ für die Einfügung eines Morphems, das einer zentralen Klasse angehört, und △ für die Einfügung eines Morphems, das einer randlichen Klasse angehört.[66]

(49)

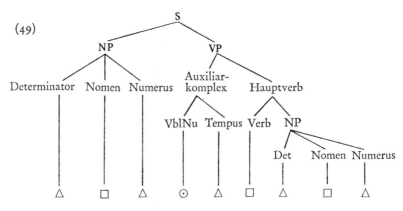

---

[66] Es ist nicht klar, ob die ›grammatischen Formative‹, die Chomsky als zu den Konstituenten einer präterminalen Kette gehörig erwähnt, unseren Morphemen randlicher Klassen entsprechen.

Weiterhin postulieren wir die Existenz eines leeren Quasi-Symbols ⊙, welches nicht durch ein Morphem aus dem Wörterbuch ersetzt wird (vgl. § 3.51 b). (49) ist ein Beispiel einer präterminalen Kette, die von der bis jetzt beschriebenen kategorialen Komponente generiert wird.

Eine präterminale Kette und das Wörterbuch einer Sprache zusammen bilden den Input für die Lexikon-Regel, welche in unserer modifizierten Auffassung folgendermaßen formuliert werden kann:

(50 i) (*Randliche Klassen:*) Wenn △ und A Symbole in einer präterminalen Kette sind, so daß A unmittelbar △ dominiert; und wenn (P, [[G]], [μ]) ein Morphem ist (wobei P eine Folge von Phonemen, [[G]] ein syntaktischer Marker und [μ] eine Menge semantischer Merkmale ist), dann ersetze △ durch (P, [[G]], [μ]), vorausgesetzt daß A = [[G]].

(50 ii) (*Zentrale Klassen:*) Wenn □ ein Symbol in einer präterminalen Kette ist und (P, [[G]], [μ]) ein Morphem ist (in welchem [[G]] Null sein kann), dann ersetze □ durch (P, [[G]], [μ]).

Die Lexikon-Regel, wie sie hier formuliert ist, garantiert, daß ›Schlitze‹ randlicher Klassen nur durch g e e i g n e t e Morpheme randlicher Klassen gefüllt werden. Sie garantiert jedoch n i c h t ausdrücklich, daß ›Schlitze‹ zentraler Klassen durch Morpheme geeigneter (oder irgendwelcher) zentraler Klassen gefüllt werden. Die Lexikon-Regel erlaubt damit nicht nur völlig grammatische ›Endketten‹ wie (51 i), sondern auch abweichende Ketten wie (51 ii) (wo *true* [+Adjektiv, –Verb,...] in ein □, das von Verb dominiert wird, eingefügt wurde) und (51 iii) (wo *if* [[Konjunktion]]... in eine von Nomen dominierte Position eingefügt wurde). Wir

(51) (i) *The journalists will confirm the rumor.*
      (ii) *The journalists will true the rumor.*
      (iii) *Scientists study the if.*

überlassen es dem semantischen Kalkulator (§ 3.51), mit vollständig grammatischen und abweichenden Ketten verschieden zu verfahren. Jedoch werden wir uns, aus Gründen der Einfachheit, in der Erörterung bis zu § 3.51 nur mit nicht-abweichenden Beispielen befassen.

Die von Chomsky beschriebene kategoriale Komponente ist ein Mechanismus von großer Leistungskraft, aber sie ist noch nicht in der Lage, eine Reihe von wichtigen syntaktischen Erscheinungen richtig zu erfassen. Wir wollen nun die Frage des englischen zählbaren und nicht-zählbaren (Stoff-)Nomens im Zusammenhang mit der Wahl von Determinatoren betrachten. In dem von KF und Chomsky entwickelten System hätte jedes Nomen im Wörterbuch das Merkmal entweder [+Zählbar] oder [−Zählbar]. Das Wörterbuch würde vermutlich Einträge wie (52)

(52)   (i) *the* [[Determinator]] [+Definit]
           (ii) *a* [[Determinator]] [−Definit, +Zählbar]
          (iii) *some* [[Determinator]] [−Definit, −Zählbar, +Partitiv][67]
          (iv) Null [[Determinator]] [−Definit, −Zählbar, −Partitiv]
           (v) *flood* [+Nomen, +Zählbar, +Konkret, −Belebt, ...]
          (vi) *blood* [+Nomen, −Zählbar, +Konkret, −Belebt, ...]

enthalten. Wenn die Grammatik die Regeln (53) enthalten würden, kämen alle Arten von Determinatoren ohne Beschränkung mit allen Nomina vor: wir würden nicht nur *a flood* und *some blood* finden, sondern auch *a blood* und *some flood*. Da (53) in Verbindung mit (52) die Tatsachen der engli-

(53)   (i) NP → Determinator + Nomen
                         (ii) Nomen → □
                         (iii) Determinator → △

schen Sprache nicht korrekt beschreibt, müssen mehrere andere Möglichkeiten in Betracht gezogen werden.

a) Die erste Lösung wäre, die Erzeugung von Ausdrücken wie *a blood* und *some flood* völlig zu verhindern. Das Merkmal [Zählbar] entweder im Nomen oder im Determinator müßte dann als Selektionsmerkmal behandelt werden. Angenommen, es würde als inhärent in Nomina und als Selektionsmerkmal in Determinatoren behandelt. Die Lexikonregel (50 i) müßte nun in der Weise verbessert werden, daß sie sicherstellt, daß, je nach dem Merkmal [±Zählbar] des Nomens, nur ein geeignetes Element aus der Menge (52 i–iv) gewählt wird; das heißt: wenn das Nomen [+Zählbar] ist, würde die Lexikonregel nur (52 i) oder (52 ii) wählen; wenn das Nomen [−Zählbar] ist, nur (52 i, iii) oder (52 iv). Diese Lösung stimmt sinngemäß mit allen bisher auf dem Gebiet der generativen Grammatik durchgeführten Arbeiten überein. Sie versagt jedoch, wenn es darum geht zu erklären, daß englische Wörter s o w o h l als zählbare a l s a u c h als nicht-zählbare Nomina verwendet werden können. Schließlich kann jedes Nomen X mit dem Merkmal [−Zählbar], wenn es mit dem unbestimmten Determinator *a* gebraucht wird, als ein Nomen mit dem Merkmal [+Zählbar] fungieren in der Bedeutung ›eine Art von X‹: *a water, a wine, a blood*. Außerdem entspricht jedes Nomen

---

[67] In dieser ganzen Erörterung beziehen wir uns auf das unbetonte partitive *some* wie in *Give me some milk*. Der Einfachheit halber haben wir die Erörterung auf Konstruktionen mit Nomen im Singular beschränkt.

Y mit dem Merkmal [+Zählbar], wenn es mit dem Stoff-Determinator Null gebraucht wird, einem Nomen mit dem Merkmal [−Zählbar], das ›der Stoff *Y*‹ bedeutet: *I prefer brick.* Diese Umwandlung wird besonders wirksam beim Gebrauch des partitiven Determinators *some* (unbetont) oder bei anderen quantifizierenden Ausdrücken: *move over and give me some pillow*; *leave me a little piece of garden* usw. Somit kann die Einführung von Selektionsbedingungen in die Lexikonregel nicht die richtige Lösung sein.

b) Ein zweiter Weg wäre, daß das Wörterbuch jedes Nomen in zwei Versionen enthält — einmal mit dem Merkmal [+Zählbar] und einmal mit [−Zählbar]. Aber dies verdoppelt automatisch den Umfang des Vokabulars an Nomina; darüberhinaus sind, wie wir sehen werden, ähnliche Verdoppelungen in Verbindung mit vielen anderen Merkmalen erforderlich. Auch ist die explosionsartige Ausweitung des Wörterbuchs nicht der einzige Nachteil dieser Lösung; denn für Nomina wie *wine* würde das Wörterbuch die Tatsache nicht kennzeichnen, daß sie grundsätzlich [−Zählbar] sind und nur [+Zählbar] ›werden‹, wenn sie in besonderer Weise gebraucht werden (und umgekehrt bei Wörtern wie *pillow*).

c) Angenommen, bei den Nomina im Wörterbuch wäre das Merkmal [±Zählbar] überhaupt nicht gekennzeichnet. Stattdessen wäre dieses Merkmal inhärent in den Determinatoren, die im Wörterbuch durch Einträge wie (52 ii–iv) beschrieben sind, und würde in das Nomen durch eine Regel von der Art der Konkordanzregel wie in (54) eingeführt:

(54) [+Nomen] → [+Nomen, αZählbar] in der Umgeb.
           [[Determinator]] [αZählbar] +_____

(In Regeln dieser Art bedeutet das Symbol α entweder + oder −, aber es hat innerhalb der gleichen Regel ein und denselben Wert.) Auf diese Weise wird das Merkmal [±Zählbar] dem Nomen von dem unabhängig gewählten Determinator vorgeschrieben. Aber auch diese Antwort läßt etwas ungeklärt: es gibt Determinatoren (*the, any, this, my*), die in bezug auf [Zählbar] völlig neutral sind; und doch sind wir geneigt, wenn wir keine gegenteiligen Hinweise haben, *the blood* als [−Zählbar] und *the flood* als [+Zählbar] zu interpretieren. Dies deutet darauf hin, daß das Nomen doch ein inhärentes Merkmal [±Zählbar] hat.

d) Die vielversprechendste Lösung ist, [Zählbar] als ein Merkmal der gesamten Nominalphrase zu betrachten.[68] Dies läßt sich durch Regeln wie (55) zeigen:

---

[68] KF scheint nahe an einem ähnlichen Vorschlag gewesen zu sein: abweichend von allen generativen Untersuchungen der englischen Syntax nimmt KF das

(55) (i) S → NP [±Zählbar] + VP (und ebenso für die anderen Regeln,
die NP einführen)
    (ii) NP [αZählbar] → Determinator [αZählbar] + Nomen [αZählbar]
    (iii) Determinator → △
    (iv) Nomen → □

Wenn wir ein Wörterbuch annehmen, das als Einträge unter anderem (52)
enthält, so können wir jetzt die Ableitung einer speziellen Nominalphrase
wie in (56) skizzieren. Es ist zu beachten, daß in der letzten Zeile das

(56)

(i)	*some blood*	NP [−Zählbar]	(vorangegangene Stufen sind weggelassen)
(ii)		Determinator [−Zählbar] + Nomen [−Zählbar]	(auf Grund von 55 ii)
(iii)	△	[−Zählbar] + Nomen [−Zählbar]	(auf Grund von 55 iii)
(iv)	△	[−Zählbar] + □ [−Zählbar]	(auf Grund von 55 iv)
(v)	*some*	[−Zählbar] + □ [−Zählbar]	(auf Grund von 50 i, 52 iii)

$$\begin{bmatrix} [[\text{Determinator}]] \\ \begin{bmatrix} -\text{Definit} \\ -\text{Zählbar} \\ +\text{Partitiv} \end{bmatrix} \end{bmatrix}$$

(vi)   *some*   [−Zählbar] + *blood* [−Zählbar]   (auf Grund von 50 ii, 52 vi)

$$\begin{bmatrix} [[\text{Determinator}]] \\ \begin{bmatrix} -\text{Definit} \\ -\text{Zählbar} \\ +\text{Partitiv} \end{bmatrix} \end{bmatrix} \quad \begin{bmatrix} +\text{Nomen} \\ -\text{Zählbar} \\ +\text{Konkret} \\ -\text{Belebt} \end{bmatrix}$$

(1)   (2) + (3) ⋮   (4)

Merkmal [−Zählbar] in jedem Segment doppelt erscheint. Zum Beispiel
entstammt es in (1) dem Wörterbuch (auf Grund von 52 iii) in (2) dieser
besonderen Nominalphase (56 i); ähnlich ist es in (3) und (4). Wir werden
in § 3.51 die Beseitigung solcher Redundanz erörtern.
    Wir wollen als nächstes die Ableitung von *a blood* betrachten. Wir
beginnen mit NP [+Zählbar]; entsprechend (56 v-vi) ergäbe sich (57 i-ii):

Symbol NP$_c$ (konkrete Nominalphase) in die P-Marker auf. Aber wenn
dieser Gedanke mit Hilfe einer Kreuzklassifizierung entwickelt worden wäre
(wie das indizierte *c* nahelegt) anstatt mit Hilfe von Merkmalen, hätte dies
zu vorhersagbaren Schwierigkeiten geführt.

(57) (i) a [+Zählbar] + $\Box$ [+Zählbar] (auf Grund von 50 i, 52 ii)
    [[Determinator]]
$$\begin{bmatrix} -\text{Definit} \\ +\text{Zählbar} \end{bmatrix}$$

(ii) a [+Zählbar] + *blood* [+Zählbar] (auf Grund von 50 ii, 52 vi)
    [[Determinator]]

$$\begin{bmatrix} -\text{Definit} \\ +\text{Zählbar} \end{bmatrix} \qquad \begin{bmatrix} +\text{Nomen} \\ -\text{Zählbar} \\ +\text{Konkret} \\ -\text{Belebt} \end{bmatrix}$$

    (1)   (2) + (3)   (4)

Die Endzeile (57 ii) enthält einen Widerspruch zwischen [−Zählbar] in (3), einem Merkmal, das dem Wörterbuch (52 vi) entstammt, und [+Zählbar] in (4), einem Merkmal, das der NP des dominierenden Knotens in dieser besonderen Konstruktion entstammt. Es wird Sache des semantischen Kalkulators (§ 3.51) sein, aus dieser widersprüchlichen Kette eine Interpretation zu konstruieren.

Eine Grammatik wie (55) enthält eine neue formale Besonderheit: in ihr wird ein komplexes Symbol (eine Merkmalmatrize) wie z. B. [±Zählbar] in eine Regel eingeführt, welche eine nicht-terminale Kategorie (NP) generiert, die sich weiter verzweigen muß. Doch erreicht (55) in Verbindung mit den entsprechenden Teilen des Kalkulators (der in § 3.51 beschrieben wird) etwas, was keine der unter a)—c) skizzierten Lösungen tun kann: sie erklärt s o w o h l die Interpretationsmöglichkeit a l s a u c h die Seltsamkeit von *a blood* und einer Anzahl ähnlicher Ausdrücke. Mehrere andere Erscheinungen, die mit der semantischen Bedeutung von grammatischen Kategorien verbunden sind, lassen sich ziemlich einfach auf ähnliche Weise beschreiben. Wir wollen ein weiteres englisches Bespiel nehmen — den Fall derjenigen Konstruktionen, die das Verb modifizieren und die wir Konstruktionen des Umstandes nennen können.[69] Solche Konstruktionen sind im Hinblick auf die syntaktische Funktion wie auf den inneren Aufbau kreuzklassifiziert. Entsprechend der Funktion gibt es einen Umstand des Orts, der Zeit, der Art und Weise, des Zwecks, der Dauer, der Häufigkeit sowie einen begleitenden Umstand usw. Entsprechend dem inneren Aufbau gibt es einen Umstand, der aus Adverbien,

---

[69] Die englische Grammatiktradition scheint kein Äquivalent für das nützliche französische *complément de circonstance* oder das russische *opredelenie* zur Verfügung zu haben.

aus Präpositionen und Nomina und aus Konjuktionen und Sätzen besteht.
Dies zeigen die folgenden Auswahlregeln:[70]

(58) (i)   S → NP [±Zählbar] + VP + (Umstand [+Zeit]) +
            (Umstand [+Ort])
      (ii) VP → Hauptverb + (Umstand [+Art und Weise])
      (iii) Hauptverb → Auxiliarkomplex + Verbale
      (iv) Auxiliarkomplex → Tempus + (Modalverb)
      (v)   Verbale → Verb + (NP [±Zählbar])

      (vi) Umstand → $\left\{ \begin{array}{l} \text{Adverb} \\ \text{Präposition + NP [±Zählbar]} \\ \text{Konjunktion + S} \end{array} \right\}$

      (vii) NP → Determinator + Nomen + Numerus
      (viii) Verb → □
      (ix)   Adverb → □
      (x)   Präposition → △
      (xi)   Nomen → □
      (xii) Determinator → △
      (xiii) Konjunktion → △
      (xiv) Tempus → △
      (xv)   Modalverb → △
      (xvi) Numerus → △

Das Wörterbuch würde Einträge wie (59) enthalten:

(59) *early*   [+Adverb, +Zeit, ...]
      at-home   [+Adverb, +Ort, ...]
      during   [[Präposition]] [+Zeit, +Simultaneität, ...]
      under   [[Präposition]] [+Ort, ...]
      race   [+Nomen, +Zeit, ...]
      wall   [+Nomen, −Zeit, ...]
      fast   [+Adverb, +Art und Weise, ...]
      when   [[Konjunktion]] [+Zeit, +Simultaneität, ...]
      Null   [[Numerus]] [−Plural][71]

---

[70] In diesem Teilstück einer Grammatik wird eine Reihe komplizierender Einzelheiten nicht beachtet, wie: die Frage, ob eine unmittelbare Konstituente von S die VP und den Umstand der Zeit und des Orts gemeinsam dominieren soll; die Generation von Prädikatsnominalen; die Angabe, daß, wenn eine NP [-Zählbar] ist, das von Numerus dominierte △ durch [-Plural] ausgefüllt werden muß; und einige andere.

[71] Diese unvollständige Behandlung bedeutet nicht, daß wir die Schwierigkeit der Charakterisierung der Bedeutung von ›grammatischen‹ Morphemen unterschätzen. Vgl. Isačenko (1963).

(60)

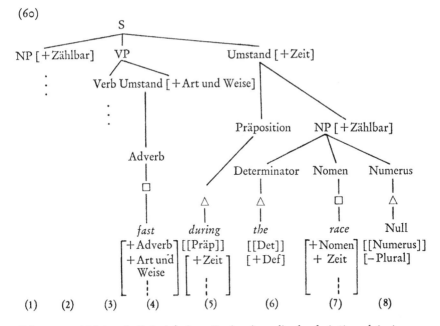

(1)　　(2)　　(3)　　(4)　　　(5)　　　　(6)　　　　　(7)　　　　(8)

Diagramm (60) ist ein Beispiel einer Derivation, die durch (58) und (59)
(sowie (52 i)) generiert wurde; der Satz, der dies veranschaulicht, ist (₁*The*
₂*horse* ₃*ran*) ₄*fast* ₅*during* ₆*the* ₇*race* ₈Null. Dieser generalisierte P-Marker dient als Input für den Kalkulator, der die Merkmale [+Zeit],
[+Art und Weise], [+Zählbar] ›nach unten‹ zu verteilen hat und die
Redundanz von [+Zeit], die aus einem dominierenden Knoten und aus
dem Wörterbuch in (5) und (7) stammt, beseitigen muß. Vgl. § 3.51.

Es ist offensichtlich, daß die Erscheinungen, die wir gerade erörtert
haben, eine Spielart der Konkordanz darstellen, und zwar Konkordanz
zwischen Determinator und Nomen in bezug auf [+Zählbar] und zwischen Präposition und Nomen in bezug auf den Typ des Umstands. Von
einem formalen Gesichtspunkt aus könnte das Mittel der Verzweigung,
die von komplexen Symbolen dominiert wird, dazu benutzt werden, a l l e
Konkordanzbeziehungen ohne besondere Regeln in der transformationellen Komponente der Grammatik darzustellen. Zum Beispiel ließe sich die
Übereinstimmung zwischen Subjekt und Prädikat im Numerus wie in (61)
symbolisieren. Pluralität würde als ein semantisches Merkmal eines Satzes
eingeführt. Durch eine Regel, die Merkmale ›nach unten‹ verteilt, würde

(61)　　　(i) S → S' [±Plural]
　　　　　(ii) S' [αPlural] → NP [±Zählbar] + VP

der Kalkulator automatisch (61 ii) in (62) umwandeln, und das Merkmal der Pluralität würde weiter in die Konstituenten Nomen und Verb ver-

(62)   S' [αPlural] → NP [±Zählbar, αPlural] + VP [αPlural]

teilt. Die morphophonemische Komponente würde das Merkmal Pluralität in ein Segment Pluralität umwandeln wie in (63):

(63)   X → X' + ›Plural‹ in der Umgebung _____

[+Plural]

und das Segmentformativ ›Plural‹ würde seinerseits in die angemessene lautliche Form des Suffixes ›umgeschrieben‹. Fälle von NP, die n i c h t unmittelbar von S dominiert sind, würden nach wie vor [±Plural] unabhängig wählen durch eine Regel wie (64):

(64)   VP → Verb + NP [±Zählbar, ±Plural]

Obwohl diese Möglichkeit einen gewissen Reiz hat, gibt es mehrere Gesichtspunkte der ›herkömmlichen‹ Konkordanz von Numerus, Person und Genus, welche sie formal von den Erscheinungen, die wir eben betrachtet haben, unterscheiden. Der wichtigste ist, daß [±Zählbar] und Typ-des-Umstands an a l l e Knoten, die unmittelbar von dem komplexen Symbol dominiert werden, weiterverteilt werden, wogegen ein Merkmal wie [±Plural] nach einer bestimmten Auswahl von VP zu Hauptverb (aber nicht zu Umstand der Art und Weise), von Hauptverb zu Auxiliarkomplex (aber nicht zu Verbale) und von Auxiliarkomplex zu Tempus (aber nicht zu Modalverb) verteilt werden würde. Ebenso würde Genus (in einer Sprache wie Französisch oder Russisch, wo Subjekts-NP und prädikatives Adjektiv in Konkordanz sind) nach einer bestimmten Auswahl von VP zu Prädikat verteilt werden, jedoch zur Kopula nur in manchen Tempora und nicht in anderen. Damit verbunden ist die Tatsache, daß ein dominierender Knoten, der ›herkömmliche‹ Konkordanz enthält, anscheinend nicht durch eine Pro-Form ersetzbar ist. Außerdem ist es schwierig, sich absichtliche Verletzungen der Konkordanz von Genus, Numerus und Person zum Zwecke der Neuerungsbildung von Ausdrücken vorzustellen, wogegen absichtliche Verletzungen der Übereinstimmung in [±Zählbar] und im Typ-des-Umstands häufig sind (vgl. § 3.51). Aus diesen Gründen schlagen wir vor, daß ›herkömmliche‹ Konkordanzbeziehungen in der Grammatik durch einen anderen Mechanismus, wie er in § 3.51 b) beschrieben wird, ausgedrückt werden.

Die Einführung semantischer Merkmale in die nicht-terminalen Knoten der kategorialen Komponente führt auch zu einer eleganteren Behandlung der Pro-Formen, Fragen und Imperative als die von Katz und Postal (1964) skizzierte. Es ist ein Kennzeichen ihres Ansatzes, daß jeder semantisch bedeutsame Gesichtspunkt eines Satzes auf irgendeiner Ebene der Darstellung durch ein Segment repräsentiert sein muß. Zum Beispiel würde *how* wie folgt analysiert:

(65)

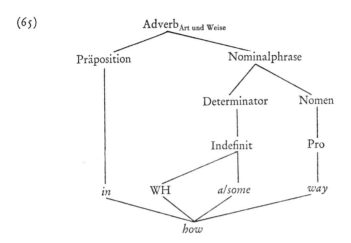

Die zusammenlaufenden Linien am unteren Ende des Diagramms symbolisieren die morphophonemische Reduktion der Endkette ... *in WH a/some way* auf die Folge von ›Phonemen‹ [haw]. Es ist zu beachten, daß die Formative *in*, *a/some* und *way* Wörterbucheinträge mit einer bestimmten selbständigen lautlichen Form sind; daher ist die ›Umschreibung‹ von [in WH səm wē] als [haw] völlig willkürlich. Außerdem gibt es ein großes Überangebot an linearer Struktur, und weitere Willkür ergibt sich in vielen Fällen aus der Wahl einer bestimmten zugrundeliegenden Präposition wie z. B. bei *at what place* (das *where* zugrunde liegt) gegenüber dem ebenso annehmbaren *in what place*. Diese unnötige Komplikation läßt sich durch die Einführung simultaner (nicht aus Segmenten gebildeter) semantischer Merkmale an präterminalen Knoten vermeiden, z. B. indem jeweils (58 vi–vii) durch (66 i–ii) ersetzt wird:

(66)

$$
\text{(i) Umstand} \rightarrow \left\{ \begin{array}{l} \text{Adverb} \\ \text{Präposition} + \text{NP} \, [\pm \text{Zählbar}] \\ \text{Konjunktion} + \text{S} \\ \triangle \end{array} \right\}
$$

$$
\text{(ii) NP} \rightarrow \left\{ \begin{array}{l} \text{Determinator} + \text{Nomen} + \text{Numerus} \\ \triangle \end{array} \right\}
$$

Das Wörterbuch würde Einträge wie (67) enthalten:

(67) (i) *how* [[Umstand]] [+ Art und Weise, − Definit, + Frage]
  (ii) *somehow* [[Umstand]] [+ Art und Weise, − Definit, − Frage,
  + Spezifiziert]
  (iii) *anyhow* [[Umstand]] [+ Art und Weise, − Definit, − Frage,
  − Spezifiziert]
  (iv) *thus* [[Umstand]] [+ Art und Weise, + Definit, + Deiktisch]

Die syntaktische und semantische Struktur von *how* ließe sich nun wie in (68) ohne die unwesentlichen Einzelheiten von (65) darstellen.[72] Die

(68)

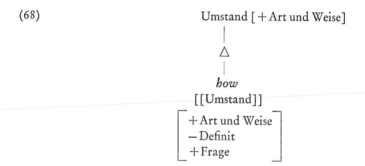

Umstand [+ Art und Weise]

how
[[Umstand]]
$$\begin{bmatrix} + \text{Art und Weise} \\ - \text{Definit} \\ + \text{Frage} \end{bmatrix}$$

Konstruktion *in what way* würde entsprechend dadurch analysiert, daß das Wörterbuch die folgenden Einträge erhält:

(69)   (i) *in* [[Präposition]] [+ Art und Weise]
  (ii) *way* [+ Nomen, + Art und Weise]
  (iii) *what* [[Determinator]] [− Definit, + Frage]

Die formale Neuheit einer Grammatik, die Regeln wie (66) enthält, beruht auf der Möglichkeit, gewisse nicht-terminale Knoten durch Morpheme aus dem Wörterbuch zu ersetzen. Ersatzformen für Nominalphrasen und andere Pro-Formen würden ebenfalls im Wörterbuch, wie in (70), dargestellt:

---

[72] Das Bemühen, unwesentliche Strukturen zu vermeiden, lag ähnlichen Verbesserungen der transformationellen Grammatik in der Vergangenheit zugrunde. Chomsky (1957) würde eine transformierte Kette wie *Who came?* als z. B. von *John came* abgeleitet analysieren; Katz und Postal (1964) würden sie von *Somebody came* ableiten; Chomsky (1965) würde sie von *Unspecified Subject came* ableiten. Die logische Folgerung aus dieser Kette von Neuformulierungen scheint eine Methode zur Einführung einer Merkmalmenge als Subjekt zu sein.

66

(70)   *something*   [[NP]] [− Menschlich, − Definit, − Frage]
        everybody   [[NP]] [+ Menschlich, + Definit, + Omnal]
        nobody   [[NP]] [+ Menschlich, + Definit, + Negativ]
        always   [[Umstand]] [+ Zeit, + Definit, + Omnal]
        nowhere   [[Umstand]] [+ Ort, + Definit, + Negativ]

... und so weiter für andere Pro-Nomina, Pro-Adjektive, Pro-Umstände, Pro-Sätze (*yes, no*) usw.

Die Bildung von Imperativen und Fragen könnte auf ähnliche Weise behandelt werden. Katz und Postal (1964, S. 74ff.) haben die Nützlichkeit der Postulierung eines *I*-(Imperativ-) und eines Q-(Frage)-Morphems, welche als ›Satz-Adverbiale‹ fungieren, aufgezeigt. Da jedoch diese (englischen) Elemente keine Darstellung als Segmente auf irgendeiner Ebene finden, ist es natürlich, sie als semantische Merkmale des ganzen Satzes einzuführen. Wir behandeln Assertion, Befehl und Frage als die Werte eines ternären Merkmals (wodurch die Notation mit Plus- und Minus-Zeichen entbehrlich wird) und führen sie durch die Regel (71 i) ein. Außerdem führen wir eine fakultative Konstituente, Sententiale, ein, welche, wenn sie in einer präterminalen Kette erscheint, durch die Lexikonregel in ein Morphem umgewandelt wird. Die Regel (71 ii) ersetzt (58 i). Das Wörterbuch enthält nun die Einträge (71 iv–vi).

(71)
       (i) S → S' $\left\{ \begin{array}{l} [\text{Assertion}] \\ [\text{Befehl}] \\ [\text{Frage}] \end{array} \right\}$

      (ii) S'→ (Sententiale) + NP [± Zählbar] + (Umstand [+ Zeit])
           + (Umstand [+ Ort])

     (iii) Sententiale → △

      (iv) *probably* [[Sententiale]] [Assertion, − Gewißheit, . . .]

       (v) *please* [[Sententiale]] [Befehl, + Höflichkeit, . . .]

      (vi) *certainly* [[Sententiale]] [Assertion, + Gewißheit, . . .]

Wir lassen die vollständigen Derivationen der Sätze in (72) weg und stellen nur fest, daß in (72 i) ein Merkmal Assertion auf der Ebene des Satzes durch (71 i) eingeführt wird; in (72 ii) wird dieses Merkmal durch den Wörterbucheintrag für *probably* ebenfalls beigesteuert, und der Kalkulator muß die Redundanz beseitigen. In (72 iii) wird das Merkmal

(72)   (i) *This flower blooms in the winter.*
           (ii) *This flower probably blooms in the winter.*
          (iii) *Does this flower bloom in the winter?*
           (iv) *When does this flower bloom?*

67

(v) *Does this flower probably bloom in the winter?*
(vi) *Let this flower bloom in the winter.*
(vii) *Let this flower please bloom in the winter.*
(viii) *I want this flower to bloom in the winter.*
(ix) *He is asking whether these flowers please bloom.*

[Frage] auf der Satzebene eingeführt; in (72 iv) wird es außerdem in den Pro-Umstand der Zeit, *when*, aus dem Wörterbuch eingeführt; wieder muß der Kalkulator die Redundanz beseitigen. In (72 v) findet sich ein Widerspruch, der vom Kalkulator beseitigt werden muß, zwischen dem Merkmal [Frage] des Satzes und dem unverträglichen Merkmal [Assertion] des Sententiales *probably*. In (72 vi) wird ein Merkmal [Befehl] nur durch (71 i) auf der Satzebene eingeführt; in (72 vii) werden redundante Merkmale [Befehl] vom Satz und vom Sentenziale beigesteuert. In (72 viii) ist [Befehl] ein Übertragungsmerkmal des Verbs *want* und wird in den eingebetteten Satz (vgl. § 3.3) übertragen, wo es auch redundant durch (71 i) eingeführt wird. Dagegen muß in (72 ix) der Kalkulator bei einem Widerspruch zwischen dem Merkmal [Frage], das vom Verb *ask* übertragen wurde, dem redundanten Merkmal [Frage] des eingebetteten Satzes und dem widersprüchlichen Merkmal [Befehl] des Sententiales im eingebetteten Satz eingreifen. Der entsprechende Mechanismus wird in § 3.51 beschrieben.[73]

Als eine letzte Revision der kategorialen Komponente wollen wir festlegen, daß jedes Symbol, welches auf □ abgebildet wird, nicht ein bloßes Kategoriensymbol (wie Nomen oder Verb) ist, sondern ein komplexes Symbol, das aus einem Kategoriensymbol und einem semantischen Merkmal besteht. Der ›Name‹ dieses Merkmals ist identisch mit dem Namen der Kategorie, aber die Notation ist nicht völlig redundant, da der kategoriale Teil des komplexen Symbols auf seine Getrenntheit als Segment hinweist, wogegen der Merkmalteil auf seine Bedeutung hinweist.[74] Wir würden damit die Regeln (73) erhalten, welche (58 v) und (66 i—ii) ersetzen:

---

[73] Es ist nicht unwahrscheinlich, daß auch die Negation, wenn sie vom Gesichtspunkt der Unterscheidung zwischen Tiefenstruktur und Oberflächenstruktur neu untersucht wird, einer Analyse dieser Art zugänglich wäre. Zur Negation im Englischen vgl. Klima (1964).

[74] Es wäre eine Notationskonvention denkbar, bei der die Haupt-Wortklassen überhaupt nicht als Kategorien dargestellt werden müßten. In der vorliegenden Analyse halten wir jedoch an dem Grundsatz fest, daß die Segmentseite einer sprachlichen Einheit als eine Kategoriennotation wiedergegeben wird.

(73)   (i)   Verbale → Verb [+ Verb] + (NP [± Zählbar])

(ii)   Umstand → $\begin{Bmatrix} \text{Adverb } [+\text{Adverb}] \\ \text{Präposition} + \text{NP } [\pm\text{Zählbar}] \\ \text{Konjunktion} + \text{S} \\ \triangle \end{Bmatrix}$

(iii)   NP → $\begin{Bmatrix} \text{Determinator} + \text{Nomen } [+\text{Nomen}] + \text{Numerus} \\ \triangle \end{Bmatrix}$

Wir werden gleich sehen, wie die so erzeugten semantischen Merkmale durch den Semantischen Prozeß beeinflußt werden.

3.43 Zusammenfassung

Wir wollen nun einen Überblick geben über die Vorstellungen von der Grammatik und dem Wörterbuch und von ihren gegenseitigen Beziehungen, so wie sie bisher entwickelt wurden.

Die Basis der Grammatik besteht aus einer Reihe von Verzweigungs-regeln, die die Fähigkeit zur Rekursivität haben. Die Regeln werden mit Hilfe von Grundelementen definiert, die drei Typen von Symbolen ent-halten: Kategoriensymbole, komplexe Symbole und Quasi-Symbole. Ein komplexes Symbol ist ein Kategoriensymbol, welches mit einer Matrix von semantischen Merkmalen gekoppelt ist. Die Kategoriensymbole um-fassen Symbole wie Nominalphrase, Umstand, Adjektiv. Es gibt drei Quasi-Symbole: □, △ und ⊙, auf welche alle Kategoriensymbole abge-bildet werden.[75] Die Basis generiert präterminale Ketten. Eine prätermi-nale Kette besteht aus einer Folge von Quasi-Markern und einem damit verbundenen Baumdiagramm mit Knoten, die mit Kategorien- oder kom-plexen Symbolen beschriftet sind wie z. B. (74). Die von der Basis gene-rierte präterminale Kette bildet, zusammen mit dem Wörterbuch, den Input der Lexikonregel. Das Wörterbuch ist eine ungeordnete Menge von Morphemen. Manche Morpheme sind Dreier-Gruppen (P, G, μ), in welchen P eine Folge von Phonemen,[76] G ein syntaktischer Marker und μ eine

---

[75]   Regeln, die ⊙ einführen, werden in § 3.51 b) erörtert.

[76]   Im Falle von Wörterbucheinträgen, bei denen Suppletion oder ein anderer unregelmäßiger morphophonemischer Wechsel vorkommt, könnte es natür-licher sein, wenn das Wörterbuch einen Flexionsklassen-Marker oder irgend-eine andere willkürliche ›Schreibung‹ angibt, welche durch die morphophone-mische Komponente als eine phonetische Darstellung abgebildet wird. In dieser Arbeit benutzen wir Kursivschrift anstelle von phonemischen Symbolen und Normalschrift mit Anführungszeichen für Formen, bei denen willkürliche ›Umschreibung‹ vorliegt.

Häufung oder Konfiguration von Häufungen semantischer Merkmale (im Sinne von § 3.1) ist. Andere Morpheme sind Paare (P, µ). Die Lexikonregel bildet jedes Vorkommen von △ als eine Dreiergruppe (P, G, µ) und jedes Vorkommen von □ als irgendein Morphem ab. Der Output der Lexikonregel — ein generalisierter P-Marker — ist eine Kette von Morphemen und von Vorkommen des Quasi-Symbols ⊙ (wie in (93)) mit einem dazugehörigen beschrifteten Baumdiagramm wie in (74). (Man beachte, das (93) und (74) zueinander gehören; wir verzichten auf ein besonderes Schaubild.)

Generalisierte P-Marker erfahren dann eine zweifache Behandlung:

a) Die Folge von Phonemen zusammen mit dem damit verbundenen beschrifteten Baumdiagramm durchläuft einen Prozeß, der sie in eine Oberflächenstruktur und letztlich in eine phonetische Darstellung einer Äußerung umwandelt.

(74)

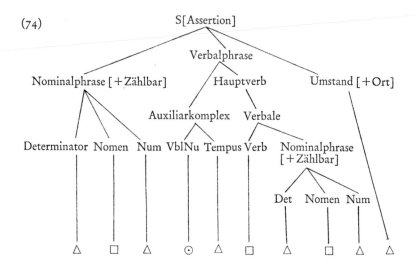

Der erste Teil des Prozesses umfaßt einfache grammatische Transformationen, welche definitionsgemäß ohne semantische Wirkung sind. Die Transformationen führen die Tilgung einiger Teile der Kette durch, z. B. indem sie a + man + ⫢ the + man + came ⫢ + nodded reduzieren zu a + man + who +came + nodded;[77] sie generieren neue phonologische Segmente (›Null-Morphe‹ und Repräsentanten semantischer Merkmale in

---

[77] Chomsky (1965).

Form von Segmenten);[78] und durch kombinierte Tilgung und Hinzufügung (Chomsky 1965) bewirken sie die Umordnung gewisser Elemente, z. B. die Verschiebung jeder Konstituente, die ein Merkmal [Frage] enthält, das dem Wörterbuch entstammt, an den Anfang des Satzes. Schließlich wandeln die Transformationen — vielleicht durch eine morphophonemische Subkomponente — Flexionsklassen-Marker und willkürliche Schreibungen in Phonemfolgen um wie in (75), wo IC_1 ein morphophonemischer Marker ist, der vom Wörterbuch für das Morphem *tooth* angegeben wird und

$$(75) \qquad\qquad [t\bar{u}\theta] + IC_1 + Plural \rightarrow [t\bar{\imath}\theta]$$

festlegt, daß seine Pluralbildung wie die von [gūs] und nicht z. B. wie die von [būθ] ist. Die Endkette, die von der transformationellen Komponente geliefert wird, besteht nun ausschließlich aus phonologischen Folgen mit dazugehörigen grammatischen Beschriftungen; ihre Segmente (Formative) sind nur in Sonderfällen mit Morphemen in einer Eins-Eins-Entsprechung. Diese Oberflächenstruktur dient ihrerseits als Input für die PHONOLOGISCHE KOMPONENTE, in der die Redundanzregeln wirksam werden und die indizierte Klammerung getilgt wird. Der endgültige Output ist eine phonetische Darstellung des Satzes, Segment für Segment.

b)   Der generalisierte P-Marker muß auch einen SEMANTISCHEN PROZESS[79] durchlaufen, welcher seinerseits aus zwei Teilen besteht. Der KALKULATOR verteilt gewisse semantische Merkmale entlang der Verzweigungen des Stammbaums, kennzeichnet Widersprüche zwischen gewissen semantischen Merkmalen im Satz, verschmilzt redundante Merkmale und überträgt manche Merkmale von einem Morphem auf ein anderes. Außerdem tilgt er gewisse Teile des zugrundeliegenden Markers. Der EVALUATOR nimmt die Normalität oder Abweichung des Satzes zur Kenntnis und gibt, unabhängig von seiner ›Umgebung‹, eine Interpretation des Satzes aus, die mit dem lautlichen Vorgang synchronisiert werden muß, oder er gibt ein Unsinns-›Signal‹ aus und blockiert die Interpretation.

---

[78] Z. B. die Verschiebung von Konstituenten, die das Merkmal [Frage] (oder im Englischen Tempus, wenn [Frage] in S eingeführt wird) enthalten, in Anfangsstellung; der Intonationsmechanismus, der ein in S eingeführtes [Frage] wiedergibt; die Einführung des Formativs *do* im Englischen, um Tempussuffixe, die vom Hauptverb getrennt sind, zu ›tragen‹ usw.

[79] Wir vermeiden den Terminus ›semantische Komponente‹, da sowohl die Basis als auch das Wörterbuch ihren Beitrag zur semantischen Struktur von Sätzen leisten. Es wird am Ende von § 3.51 klar werden, warum die Transformationsregeln erst einwirken sollten, nachdem der semantische Kalkulator seine Funktion erfüllt hat.

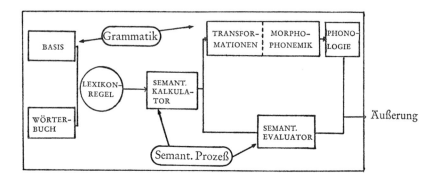

Bevor wir den semantischen Prozeß untersuchen (§ 3.5), müssen wir noch einige Fragen im Zusammenhang mit dem Wörterbuch klären.

3.44 Lexikalische Struktur

3.441 Wörterbucheinträge und Definitionen

Jedes Morphem umfaßt, so haben wir gesagt, eine Menge von semantischen Merkmalen. Obwohl die in § 3.4 benutzten schematischen Beispiele normalerweise Häufungen (ungeordnete Mengen) von Merkmalen enthalten, ist dies nicht durch eine Forderung der Theorie bedingt. Im Gegenteil: in § 3.221 haben wir zahlreiche Simplexformen angeführt, die sich nicht ohne eine Konfiguration von Merkmalen definieren lassen. Die Bedeutungen mancher Morpheme umfassen Begrenzungen (wie das Merkmal ›vier‹ als eine Komponente der Bedeutung von *square*) und Modalisierungen (wie ›ähnelt‹ als eine Komponente der Bedeutung von *aqueous*). Kurz gesagt, wie schon in § 3.1 vorweggenommen wurde, kommt jede Beziehung, die zwischen den Komponenten eines Satzes gelten kann, ebenso zwischen den Komponenten einer Bedeutung eines Wörterbucheintrags vor. Dies ist gleichbedeutend mit der Aussage, daß der semantische Teil eines Wörterbucheintrags ein Satz ist — genauer gesagt: ein Satz der Tiefenstruktur, d. h. ein generalisierter P-Marker. In § 3.42 haben wir die Vorteile der Einbeziehung semantischer Merkmale in die Basis der Grammatik untersucht; wir können nun die Logik des komplementären Schrittes würdigen, daß den im Wörterbuch enthaltenen semantischen Merkmalen eine syntaktische Form vorgeschrieben wird.

Der Satzcharakter der Wörterbuchdefinition wirft eine wichtige Frage auf: Welche Sätze aus der unendlichen Zahl der Sätze einer Sprache sind Wörterbucheinträge? Die Frage läßt sich einerseits unter theoretisch-deskriptiven Gesichtspunkten betrachten oder aber in Zusammenhang mit einem Modell des Spracherwerbs.

Theoretisch gesehen ist es nützlich, zunächst zu fragen, ob Definitionen (= Wörterbuchsätze) durch irgendwelche syntaktischen Eigenarten bestimmt werden können. In (77)-(79) ist das erste Glied in jedem Paar eine Definition (wenn auch vielleicht eine unvollständige), das zweite Glied nicht, und doch sind die syntaktischen Strukturen in jedem Paar die gleichen:

(77)   (i) *A chair is a piece of furniture for one person to sit on.*
        (ii) *A concert is an event for music lovers to enjoy.*

(78)   (i) *To munch is to chew with a crunching sound.*
        (ii) *To vote is to perform a civic duty.*

(79)   (i) *A plumber installs and repairs pipes.*
        (ii) *A prophet exhorts and castigates his people.*

Obwohl Definitionen gewisse formale Eigenschaften gemeinsam haben (wie die Vermeidung von bestimmten Artikeln und Nicht-Gegenwarts-Tempora), sind sie nicht a l l e i n durch ihre Form charakterisiert. Um zu sehen, was für Definitionen typisch ist, wollen wir zuerst den Begriff ›analytischer Satz‹ kennzeichnen.[80] Ein ANALYTISCHER SATZ ist ein Satz, der für alle Denotata jedes einzelnen seiner Elemente x_1, x_2, ... x_n wahr ist. (78 ii) ist ein Beispiel eines analytischen Satzes; Sätze, die ihm widersprechen (wie *To vote is to fail in one's civic duty*) sind falsch; sie könnten nur in einer anderen Sprache (z. B. in einem anderen ›semantischen Dialekt‹ des Englischen) wahr sein oder in einer abgeleiteten Verwendung. (Wir kommen darauf in § 3.51 zurück.) Eine DEFINITION ist ein analytischer Satz, der ein Element x_i (das Definiendum) enthält, derart, daß der Satz falsch wäre, wenn x_i durch ein anderes Element der Sprache ersetzt würde. Daher ist (77 ii) keine Definition von *concert*, da ein Konzert nicht das einzige Ereignis ist, das Musikliebhaber genießen können (noch ist der Satz a fortiori eine Definition irgendeines anderen Ausdrucks, der in ihm vorkommt). Dagegen ist der Satz (77 i) eine (vereinfachte) Definition von *chair*, da er nicht analytisch wahr wäre, wenn irgendein anderer Ausdruck für *chair* substituiert würde. (Er ist jedoch keine Definition von *furniture, sit* oder irgendeinem anderen Element in (77 i)). Ein Satz,

---

[80] Zu bestimmten Aspekten der Analytizität vgl. Katz (1964 b).

dessen Allgemeingültigkeit ausdrücklich verneint ist — z. B. durch die Verwendung eines bestimmten Determinators oder eines deiktischen Elements —, ist automatisch nicht-analytisch (= SYNTHETISCH). (Wir lassen bei dieser Darstellung einige besondere Probleme, die die Bedeutung von Eigennamen betreffen, beiseite.) Es ist klar, daß die überwältigende Mehrheit der Sätze in einem durchschnittlichen Corpus synthetisch ist.

Die schwierige Aufgabe des Lexikographen ist es, aus der unendlichen Menge von Sätzen einer Sprache die Untermenge, die aus Definitionen besteht, herauszusuchen. Da der Definitionscharakter eines Satzes, oder auch nur seine Analytizität, nicht unmittelbar aus seiner Struktur ersichtlich ist, läßt sich das Heraussuchen von Sätzen, die Definitionen sind, nicht auf ein bestimmtes Verfahren zurückführen, sondern muß durch praktisches Herumprobieren erfolgen. Zu den Problemen der lexikographischen Theorie gehört ein Beweis, daß jedes Morphem einer Sprache wenigstens eine Definition hat;[81] ein Beweis, daß jedes Morphem eine einzige optimale Definition hat; und eine Untersuchung der reduzierbaren Zirkelschlüsse und der unreduzierbaren, gegenseitig voneinander abhängigen Mengen von semantischen Grundelementen im Geflecht der Definitionen.[82] Diese Fragen liegen außerhalb des Bereichs der vorliegenden Untersuchung (vgl. die weitere Erörterung bei Weinreich 1962). Es ist jedoch wichtig, den Anspruch zu erheben, daß die Fähigkeit, einen Satz als analytisch und sogar als eine Definition zu erkennen, ein Teil der Fähigkeit des Sprechers, die Sprache zu gebrauchen, ist. Ein naiver Sprecher mag nicht in der Lage sein, eine Definition schnell und elegant zu formulieren, aber er kann mit Sicherheit vorgeschlagene Definitionen, die unrichtig sind, zurückweisen und damit immer näher an die richtigen Definitionen herankommen.[83] Die Arbeit des erfahrenen Lexikographen

---

[81] Das Morphem wird hier als ein Element der Tiefenstruktur von Sätzen definiert und steht im Gegensatz zu den Formativen der Oberflächenstruktur. Bei einer derartigen Auffassung könnten Bazells Einwände gegen die Benutzung des Morphems als Einheit der semantischen Analyse (z. B. 1953, S. 88) vielleicht zurückgenommen werden.

[82] Dies ist das Problem von Sätzen, die Definitionen für mehr als nur einen ihrer Bestandteile sind.

[83] Wir behaupten nicht nur, daß einzelne Individuen diese Fähigkeit haben, sondern auch daß dabei große überindividuelle Übereinstimmung besteht. Wo die Sprecher nicht übereinstimmen, kann es sich entweder um eine verdeckte Spaltung in Dialekte handeln (insofern die Antworten in bestimmten Gruppen auftreten) oder aber um unmaßgebliche Merkmale, die nicht in die Definition gehören. Zu Graden der Maßgeblichkeit vgl. Weinreich (1962) und nun Bendix (1965). — Wir nehmen an, daß (26 ii, iv) wenigstens mit der gleichen Sicherheit wie (22) als falsch (in diesem Fall: falsche Aussage über die englische Sprache) abgelehnt würde.

besteht nur darin, diese Fähigkeit des gewöhnlichen Sprechers zu rekonstruieren und zu erläutern.

Die formale Nicht-Geschiedenheit von Sätzen, die Definitionen von Wörterbucheinträgen sind, ermöglicht es diesen Sätzen, als Teile des normalen Sprechens zu fungieren. Dieser Aspekt der Theorie erklärt die Tatsache, daß es in einer natürlichen Sprache nicht immer eine wahrnehmbare Verschiebung von Aussagen, die in der Sprache gemacht werden, zu solchen, die über die Sprache gemacht werden, gibt. Im Gegensatz zu künstlichen Sprachsystemen, mit denen die Logiker experimentieren, fungiert eine natürliche Sprache als ihre eigene Metasprache. Die Theorie bietet damit zugleich Einsichten in die ineinandergreifenden Beziehungen zwischen einer unbestimmten Zahl von nicht-definitorischen Sätzen einer Sprache. Diese Erklärung kann hier nur sehr kurz dargestellt werden.

Einige Elemente eines Vokabulars sind in taxonischen Mustern aufgebaut (Conklin 1962); d. h. einige Definienda sind Subjekte von Sätzen, deren Prädikat aus einem Nomen und einem Relativsatz besteht und ein Definiens per genus et differentiam darstellt. Der semantische Theoretiker braucht nicht zu fordern, daß alle Definitionen diese Form haben, denn die bloße Tatsache, daß viele von ihnen sie haben, bringt die Möglichkeit mit sich, zahlreiche analytische Sätze, die keine Definitionen sind, abzuleiten. Wenn zum Beispiel (80 i-ii) Schemata von Definitionen sind, dann sind (81 i-ii) analytische Sätze. Ein Satz, der von einem analytischen Satz

(80) (i) *An X is a Y which Z.*
      (ii) *A Y is a W which U.*

(81) (i) *An X is a Y.*
      (ii) *A Y is a W.*

abgeleitet ist, indem sein Aussagebereich auf weniger als universelle Gültigkeit eingeschränkt wird (z.B. indem man von (80 i) zu (82 i-iii) übergeht), kann als eine BANALITÄT definiert werden. Die Verneinung eines

(82) (i) *This X is a Y which Z.*
      (ii) *Both Xes which you gave me yesterday are Ys which Z.*
      (iii) *This is an X which Z.*

Teils einer Banalität führt zur Bildung einer Paradoxons wie (83), welches seinerseits den Hörer dazu zwingt, eine semantische Einheit zu bilden, die möglicherweise keinem schon im Wörterbuch vorhandenen Morphem entspricht. Diese und ähnliche Mechanismen ermöglichen es einer Sprache

(83)   *This is an X which not-Z.*

mit einem endlichen Wörterbuch, dennoch einen unendlichen geistigen Raum zu erfassen.

Eine Schlußfolgerung, in der eine Definition als die hauptsächliche Prämisse fungiert, erscheint, obwohl sie notwendigerweise wahr ist, nicht immer als banal; dafür ist (84) ein Beispiel, das auf (80) beruht. Solche

(84)   *This is an X, therefore U.*

Aussagen scheinen Lehrsätze eines deduktiven Systems zu gleichen; dabei können manche Sätze dadurch interessant sein, daß ihr Beweis nicht offensichtlich ist. Somit ist es verständlich, daß die Einführung einer adversativen Konjunktion (*but*) mit der Bedeutung ›und — unerwartet —‹ in eine Schlußfolgerung einen Überraschungseffekt hat wie in (85); folglich ist

(85)   (i) *This is an X, but U.*
                      (ii) *This is a chair, but one can sit on it.*

eine solche Konjunktion ein wirksames heuristisches Mittel, um zu prüfen, ob bestimmte Sätze Definitionen sind (Bendix 1965).[84]

Wenn (86 i) ein — analytischer oder synthetischer — Satz ist, wobei *m* und *n* irgendwelche Ausdrücke sind, dann sind (86 ii-iii) auf Grund von (80 i) PARAPHRASEN von (86 i) und (86 ii) kann als vollständige Paraphrase bezeichnet werden.[85] Angenommen, (87 i) ist ebenfalls eine Defini-

(86)   (i) *m X n*
                      (ii) *m Y which Z n*
                      (iii) *m Y n*

tion in der Sprache, dann können wir sagen, daß X und V Antonyme

---

[84] Jeder Satz, der ausdrücklich oder durch Schlußfolgerung der Definition einer seiner Komponenten widerspricht, ist anomal. Da jedes Morphem eine Definition hat, kann jedes Morphem in einem anomalen Satz vorkommen – z. B. (25 vi), (26 i), (26 iii). Dies ist der Hauptgrund, warum eine Unterscheidung zwischen theoretisch motivierten Merkmalen und anderen (die Marker und Distinktoren von KF; vgl. § 2.23) in einer semantischen Theorie unhaltbar ist. – Anomalien wie (25 vi) werfen die Frage der Grenze zwischen der Kompetenz im Sprachgebrauch und der Kompetenz in Fertigkeiten, die die Sprache erweitern, wie Rechnen, auf. Im Augenblick sehe ich keinen gangbaren Weg, um eine solche Grenze festzulegen, und ich bin nicht sicher, ob dies überhaupt notwendig ist.

[85] Von den Paraphrasenbeziehungen, die Katz (1964 b) untersucht hat, gehören diejenigen, die Antonyme einführen, zu der hier erörterten Art; sie sind die linguistisch interessanten. Andere enthalten Transformationen und sind von geringem Interesse für eine semantische Theorie, die sich mit der Tiefenstruktur von Sätzen (wie *The child often sleeps* und *The child sleeps often*) beschäftigt. Wir würden sie nicht zu den echten Paraphrasen zählen.

sind und daß (87 ii) eine zusätzliche Paraphrase von (86 i) darstellt. Damit

(87)   (i) *A V is a Y which not-Z.*
                            (ii) *Not m V n.*

ermöglichen es die Definitionen der Sprache — ihr System von Wörter-
buchbedeutungen —, gewisse Mengen von Sätze als Paraphrasen voneinander darzustellen.

Die vorausgegangenen sehr skizzenhaften Bemerkungen waren auf die
theoretisch-deskriptiven Probleme der Semantik ausgerichtet. Wenn wir
uns der Aufstellung eines Spracherwerbsmodells zuwenden, besteht das
Problem darin zu erklären, wie derjenige, der eine bestimmte Sprache
erlernt, aus den Sätzen, die er hört, diejenigen ausscheidet, die Definitionen
sind; oder ob er die Definitionen aus dem Vorhandensein wahrer und
falscher Sätze (natürlich ergänzt durch reiches außersprachliches Beweis-
material) ableitet. Noch weiter gefaßt, besteht das Problem darin festzustellen, wie derjenige, der eine Sprache erlernt, das quasi-deduktive System,
welches unbegrenzt viele Sätze der Sprache miteinander auf einer semantischen Grundlage verbindet, als Grundlage konstruiert. Man könnte z. B.
sagen, daß diese Aufgabe nicht von einem Kind in einer kurzen Zeit
bewältigt werden könnte, wenn ihm nicht wenigstens ein Teilsystem von
Definitionen angeboren wäre. Es wäre außerdem fruchtbar, Vygotskys
Auffassung (1962) weiterzuverfolgen, daß der Benutzer einer Sprache
erst im Erwachsenenalter ihre semantische Struktur mit Hilfe eines
Systems von Definitionen beherrscht und daß manche Bedeutungen, die
man sich in primitiverer Zeichenform in der frühen Kindheit angeeignet
hat, im Erwachsenenalter als Begriffe neu gelernt werden (vielleicht sogar
›zu sehr gelernt‹, als wortwörtliche Definitionen). Es ist jedoch schwer zu
sehen, wie eine Untersuchung, sei sie nun theoretisch oder empirisch, in
diesem schwierigen Gebiet Fortschritte machen könnte, wenn sie nicht
annimmt, daß die semantische Struktur des Wortschatzes, wie er dem
normalen Sprecher zur Verfügung steht, grundsätzlich die Form hat, in
der ein Wörterbuch sie darstellt.

3.442 Komplexe Wörterbucheinträge

Der Gedanke, daß die Einträge in ein möglichst ökonomisches Wörterbuch
Morpheme sind, wurde am Anfang von § 3.4 als eine vorläufige Annahme
vorgebracht. Sicherlich müssen die Einträge, wenn das Wörterbuch die
geringst mögliche Zahl von Einträgen haben soll, minimale Größe haben:
eine Sprache hat weniger Konstruktionen als Sätze, weniger Wörter als
Konstruktionen und weniger Morpheme als Wörter. Andererseits sind

natürliche Sprachen völlig von Idiomatizität durchdrungen — einer Erscheinung, die beschrieben werden kann als der Gebrauch komplexer, aus Segmenten bestehender Ausdrücke, deren semantische Struktur sich nicht aus ihrer syntaktischen Struktur und der semantischen Struktur ihrer Komponenten zusammengenommen ableiten läßt. Der Terminus ›Lexem‹ (Conklin 1962) wird immer häufiger für eine solche minimale semantische Simplexform benutzt. Manche Lexeme sind auch grammatische Simplicia (Morpheme wie *heart*), manche sind grammatisch komplex (Wörter wie *sweetheart*; Konstruktionen wie *by heart, rub noses, shoot the breeze* usw.).[86]

Für eine durch und durch isolierende Sprache wie Englisch mag es genügen zu sagen, daß die Wörterbucheinträge Lexeme sind; doch für die durchschnittliche flektierende Sprache müssen wir weiter verlangen, daß lexikologisch unwesentliches Material — Nominativsuffixe von Nomen, Infinitivsuffixe von Verben usw. — aus den Einträgen eines kritisch konzipierten Wörterbuchs herausgehalten werden. Bei der Beschreibung des Russischen zum Beispiel würde das Wörterbuch ein-morphemige Einträge enthalten wie *čitá-* ›lesen‹ anstatt *čitát'*) und mehr-morphemige Einträge wie *čern- sotn-* ›Pöbel (wörtlich: schwarze Hundert)‹ (anstatt *černaja sotnja*). Diesem Erfordernis könnte man entweder dadurch begegnen, daß man festlegt, daß ein Wörterbucheintrag ein LEXEM-STAMM sein muß, oder indem man LEXEM von vornherein so definiert, daß es einem Stamm abzüglich seines Flexionszubehörs entspricht.

Wie in der jüngsten Literatur über Semantik bemerkt wurde, ist die Postulierung eines Idioms abhängig von einem bestimmten Wörterbuch, da Idiomatizität und Polysemie komplementär sind (Weinreich 1963 a, S. 146, mit weiteren Angaben). Eine Konstruktion wie *rub noses* ›vertraut sein mit‹ kann als Idiom behandelt werden, d. h. als eine semantische Simplexform mit einer Bedeutung, die mit den Bedeutungen von *rub* und *noses* nicht verbunden ist. Andererseits ist es immer möglich, Unterbedeutungen von *rub* und von *noses* (wie ›genießen‹ und ›Vertrautheit‹) derart anzugeben, daß sie sich gegenseitig hervorrufen und zusammen die Bedeutung der ganzen Konstruktion ›vertraut sein mit‹ ergeben. Wir müssen hier die Frage beiseite lassen, wie die jeweiligen Vorzüge der idiomatischen und der polysemen Beschreibung einer bestimmten Konstruktion zu bewerten sind. Überhaupt liegen viele wichtige Probleme der

---

[86] Im Gegensatz zu Katz und Postal (1963) betrachten wir halb-produktive grammatische Prozesse nicht als zum Thema der Idiomatizität gehörig. Dieses Problem wird in § 3.52 berührt.

phraseologischen Spezialisierung[87] jenseits des Bereichs der vorliegenden Untersuchung. Wir können uns jedoch nicht der Verpflichtung entziehen, die grammatische Struktur von Idioms und die Art und Weise ihrer Aufnahme in generalisierte P-Marker zu erörtern. Für diese Erörterung nehmen wir an, daß eine natürliche Beschreibung, trotz der formalen Möglichkeit der Analyse eines Wortschatzes ohne Rückgriff auf Idioms, wenigstens einige grammatisch komplexe Ausdrücke enthalten w i r d, deren Bedeutungsmerkmale nicht den Segmenten ihrer Bestandteile zugeordnet (oder ›von ihnen abgeleitet‹) werden kann. Mit anderen Worten: manche Lexeme sind Idioms.

Eine Möglichkeit der Behandlung von Idioms im Wörterbuch wäre, sie als einzelne Wörter der jeweiligen lexikalischen Hauptkategorie zu identifizieren: *by heart* ›auswendig‹ als ein Adverb, *shoot the breeze* ›schwätzen‹ als ein Verb usw. Solche ›Wörter‹ würden jedoch weit komplizertere phonologische Angaben benötigen als gewöhnliche Wörter: während in nicht-idiomatischen Konstruktionen (*by cart, loot the cheese*) viele Einzelheiten der Akzentverteilung, Vokalreduktion usw. automatisch durch die phonologischen Redundanzregeln (vgl. z. B. Chomskys Aufsatz in Current Trends in Linguistics III) entwickelt werden, müßten die entsprechenden Einzelheiten für das Idiom im Wörterbuch gespeichert werden (Katz und Postal 1963, S. 276). Außerdem könnte diese Lösung nicht-idiomatische Konstituenten von idiomatischen Konstruktionen nicht bewältigen — ein Problem, auf das wir gleich zurückkommen werden.

Die andere Möglichkeit besteht darin, Idioms im Wörterbuch als Kategorien, die den nicht-terminalen Symbolen der Basis entsprechen, aufzuführen: *by heart* als Umstand, *shoot the breeze* als Verbale usw. Damit die Lexikonregel in der Lage ist, solche Einheiten den präterminalen Ketten zuzuordnen, müßte die Grammatik (55) so verbessert werden, daß sie △ Wahlmöglichkeiten an jedem Knoten enthält, für den es Idioms in der Sprache gibt.[88] Der Wörterbucheintrag würde somit aus drei Teilen bestehen: einem verstümmelten beschrifteten Baumdiagramm, das in syste-

---

87 Zur Erörterung und für Literaturangaben vgl. Weinreich (1963 a, S. 142–147; 1963 b); Ufimceva (1963); und jetzt den Sammelband Problemy frazeologii (1964), welcher eine Bibliographie von fast 900 Titeln enthält.

88 Katz und Postal (1963) postulieren einen besonderen Konstruktions-Idiom-Teil des Wörterbuchs, der von seinem Lexikoneinheiten-Teil getrennt ist. In der hier entwickelten Theorie ist diese Zweiteilung unnötig: Wahlmöglichkeiten bei der Ersetzung nicht-terminaler Symbole durch Quasi-Symbole erscheinen bereits in der Grammatik, vgl. (55), wo sie eingeführt wurden, um Pro-Formen und ganz allgemein aus einem Segment bestehende Konstituenten, die mit aus mehreren Segmenten bestehenden Konstituenten kommu-

matischen Phonemen endet;[89] einem syntaktischen Marker; und einer Menge von semantischen Merkmalen, die die Bedeutung des Idioms darstellen. (88) ist ein Beispiel eines solchen Eintrags.

(88)

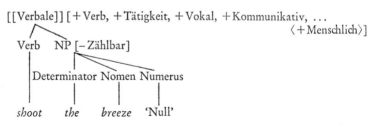

Durch das Wirken der Lexikonregel (50 i) können wir nun einen generalisierten P-Marker wie (89) erhalten. Die Idiomatizität des Verbales findet ihre formale Darstellung in der Tatsache, daß △ eine Verzweigung dominiert und daß Morpheme auftauchen, ohne daß sie unmittelbar von Quasi-Symbolen dominiert werden.

Es würde jedoch nicht ausreichen, die Beschreibung des idiomatischen Lexems auf die phonologische Spezifizierung seiner Konstituenten-›Wörter‹ zu beschränken. Das *shoot* von *shoot the breeze* unterliegt denselben morphophonemischen Veränderungen wie das gewöhnliche Verb *shoot* (vgl. *he shot the breeze*); es muß daher mit dem Verb *shoot*, das sich bereits im Wörterbuch befindet, identifiziert werden. Auch kann die Gleich-

---

tierbar sind, unterzubringen. – Wir nehmen an, daß Idioms, wie die in § 3.42 erörterten Pro-Formen, randlichen Klassen angehören. Jedoch müßte die Theorie zur Beschreibung von Idioms, die aus einem Wort bestehen (komplexe Wörter, deren semantische Analyse nicht mit ihrer Morphemanalyse übereinstimmt), weiterentwickelt werden.

[89] Bereits von Katz und Postal (1963) wurde bemerkt, daß manche Idioms nicht wohlgeformt sind; z. B. kann ein normalerweise intransitives Verb von einer Objekts-Nominalphrase gefolgt sein (wie *come a cropper*). In nicht-idiomatischen Ausdrücken müßte, nach unserer Theorie, der Widerspruch zwischen der Intransivität von *come* und dem Vorhandensein eines Objekts durch das Wirken der Konstruktions-Regel (§ 3.51 g) und durch die spezielle Schaffung einer neuen semantischen Einheit mit transitiver Bedeutung gelöst werden (*to come a letter* = ›einen Brief kommen machen‹; vgl. *to travel the smoke, to walk the dog*; Putnams Beispiel (1961) ist *Pepper doesn't sneeze me*). In Idioms wie *come a cropper* braucht die Konstruktions-Regel überhaupt nicht angewandt zu werden, da die Bedeutungen der einzelnen Komponenten aufgehoben sind.

(89)

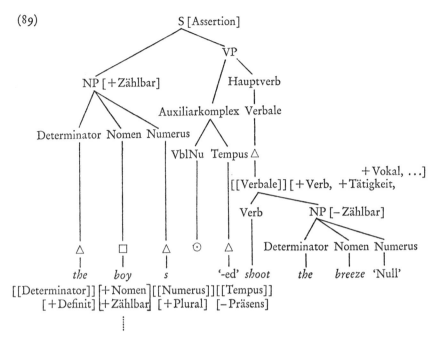

heit eines idiomatischen und eines ›freien‹ Morphems nicht allein mit Hilfe
der phonologischen Gestalt festgestellt werden; im Falle der beiden homo-
phonen Verben *ring* (1. ›läuten‹, 2. ›einkreisen‹) ist es das erste, mit dem
das *ring* in *ring the changes* ›die gleiche Sache in allen möglichen Variatio-
nen behandeln‹ verwandt ist (vgl. *rang the changes,* nicht *ringed the
changes*). Für eine semantische Theorie, die in der Lage ist, auch Dichtung
zu erfassen, genügt selbst morphophonemische Gleichheit nicht. Die Konstituenten von Idioms müssen mit vollständigen unabhängigen Wörterbucheinträgen einschließlich ihrer semantischen Merkmale in Verbindung
gebracht werden, wenn wir die ›Evozierung‹ der nicht-idiomatischen Ent-
sprechung durch ein Idiom und die größere Toleranz gegenüber Abweichungen von einem Idiom durch kleine semantische Schritte (wie *shoot
the wind*) im Gegensatz zur Abweichung durch willkürliche Sprünge
(wie *shoot the cheese*) erklären wollen. Folglich müssen wir den Eintrag
(88) dergestalt revidieren, daß die unterste Zeile nicht nur die phonologische Form gibt, sondern auch jeden Flexionsklassen-Marker und alle
semantischen Merkmale der vollständigen Wörterbucheinträge für *shoot,
the* und *breeze*. Dies ist in (90) dargestellt, wo IC$_1$ die Flexionsklasse von
shoot identifiziert. Wir müssen zusätzlich einen Schritt im semantischen

Prozeß formulieren, welcher gewöhnlich die Merkmale der Konstituenten-elemente aufhebt (vgl. § 3.51 d). Eine weitere Schwierigkeit entsteht jedoch

(90)

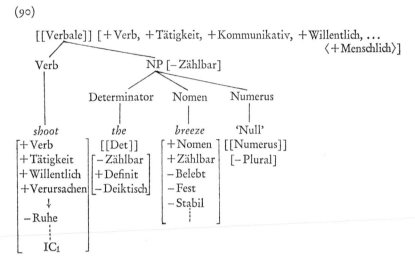

im Zusammenhang mit Idioms wie *pull* _____ *'s leg* ›humorvoll verspotten‹, wo ein leerer Schlitz für nicht-idiomatische ›Füllung‹ vorhanden ist. Dies erscheint graphisch in (91) (die semantischen Merkmale der Einträge in der untersten Zeile sind weggelassen):

(91)

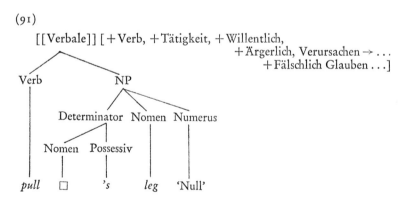

Wir wollen eine einnistende (direkte Objekts-) Beziehung zwischen a) jedem Nomen, das □ durch die Lexikonregel zugeordnet ist, und b) der Bedeutung der Summe des idiomatischen Verbales aufzeigen. Normalerweise, d. h. außerhalb von Idioms, besteht eine solche semantische Beziehung nicht. Es wäre offensichtlich absurd, *grab X's hat* als aus *grab* _____ *'s hat* + *X* bestehend zu analysieren, so daß *to grab X's hat* bedeuten würde ›dem X ein Y antun‹, da Possessive auch in NPs, die keine Objekte sind, vorkommen können. Im Falle des Idioms (91) ist man jedoch versucht, es neu zu definieren, und zwar nicht als ein Verbale mit einer ›eingebauten‹ Objekts-NP, sondern als ein Verb, und sein syntaktisches Verhalten wie in (92) darzustellen. Das Verb *pull* ▼ *'s leg* würde nun dem

(92)

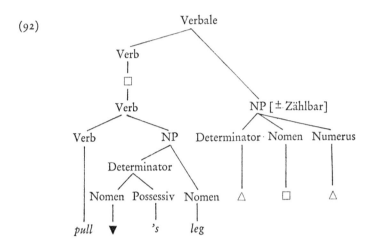

Symbol □, das vom Verb dominiert wird, zugeordnet werden — so wie man auch das Verb *taunt, love, educate* usw. zuordnen könnte. Dies würde durch die völlig normale Wirkung der Lexikonregel (50 ii) erreicht werden. Der idiomatische Wörterbucheintrag würde aber seinerseits ein besonderes Quasi-Symbol ▼ aufweisen, das auf jede im Verbale enthaltene Nominalphrase abgebildet werden müßte.

Es gibt andere, davon unabhängige Gründe, die die Vermutung nahelegen, daß es für die Transformationsregeln nicht gleichgültig sein kann, ob die Ketten, auf die sie einwirken, idiomatisches Material enthalten oder nicht. Katz und Postal (1963, S. 279 f.) sind der Meinung, daß die Idiomatizität einer Konstruktion wie *kick the bucket* in der Basisgrammatik ausreichend charakterisiert sei; denn sie wird als eines der zahlreichen Hauptverben klassifiziert, die nicht mit einem beliebigen Umstand der Art und Weise konstruiert werden können, wozu, in ihrer Analyse, das Passivmorphem gehört. Die Formulierung ist nicht ganz korrekt, da viele ähnliche Idioms, die nicht im Passiv verwendet werden können, dennoch einen Umstand der Art und Weise bei sich haben (wie *They are cheerfully shooting the breeze*). Aber selbst wenn Einzelheiten verbessert würden, könnte eine Analyse, die auf die Basis beschränkt ist, die Tatsache nicht symbolisieren, daß Sätze, die diese Idioms enthalten, nicht als *NP's kicking of the bucket, NP's shooting of the breeze* oder als *bucket-kicking, breeze-shooting* nominalisiert werden können — obwohl dieselben Sätze, die Nominale *NP's kicking the bucket, for NP to kick the bucket* usw. bilden können.

Wir können den Einzelheiten dieser transformationellen Probleme hier nicht auf den Grund gehen; der Sinn unserer Ausführungen war nur, auf ihr Vorhandensein hinzuweisen.

3.5 Der semantische Prozeß

3.51 Der Kalkulator

Angenommen, die präterminale Kette (74) ist, nachdem sie das Wörterbuch durchlaufen hat, in den generalisierten P-Marker (= Endkette), dessen unterer Teil in (93) dargestellt ist, umgewandelt worden. Dieser Gegenstand wird nun zum Input für die folgende geordnete Menge obligatorischer semantischer Regeln.

a) Alle semantischen Merkmale aus jedem komplexen Symbol werden ›nach unten‹ in die Lexeme verteilt, die dann mit der (ersten) Häufung von Merkmalen, die das Lexem aus dem Wörterbuch mitbringt, Häufungen bilden. Die Neuverteilungs-Regel läßt sich, strenger gefaßt, folgendermaßen formulieren:

(94) Wenn $A[\mu_1]$ ein komplexes Symbol in einer Endkette ist (wo μ_1 eine Häufung von semantischen Merkmalen ist) und wenn $Q[[G]]$ $[\mu_2]$ ein Lexem[91] in der Endkette ist (wo $[[G]]$ Null sein kann und wo $[\mu_2]$ eine Menge von semantischen Merkmalen ist) und wenn $A[\mu_1]$ das Lexem $Q[[G]][\mu_2]$ dominiert, ersetze $[[G]][\mu_2]$ durch $[\mu_1][[G]][\mu_2]$.

Die Neuverteilungs-Regel (94) hat zur Folge, daß (95 i) in (95 ii) umgewandelt wird. Oberhalb der unterbrochenen Linie stehen die Merkmale,

---

[91] Bei Lexemen, die Idioms sind, beeinflussen die semantischen Kalkulationen (mit Ausnahme der Aufhebungs-Regel § 3.51 d) die Bedeutung des Lexems, nicht die Bedeutungen der Konstituentenmorpheme. Ein Lexem, dessen semantische Struktur als Folge der Einwirkung des Kalkulators verändert worden ist, wird in dieser Erörterung mit dem neutralen Terminus ›Formativ‹ bezeichnet.

(93)

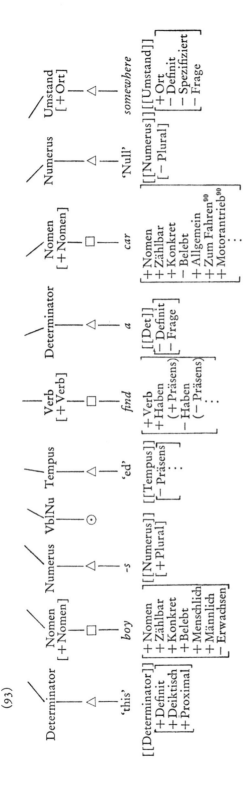

[90] Die Menge semantischer Merkmale jedes Wörterbucheintrags wird hier, um die Diskussion zu vereinfachen, als eine Häufung dargestellt. Es ist jedoch klar, daß ein nur für diesen Fall bestimmtes umfassendes Merkmal wie ›Zum Fahren‹ nur eine Abkürzung für eine Konfiguration ist. (Vgl. Anm. 42).

die aus dem Wirken der Neuverteilungs-Regel stammen; die Merkmale, die dem Wörterbuch entstammen, erscheinen unterhalb dieser Linie.

(95) (i)

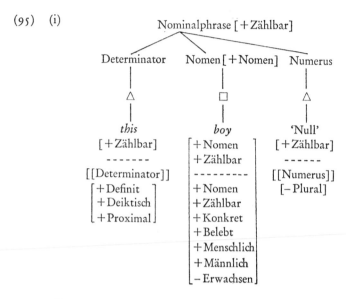

(ii)

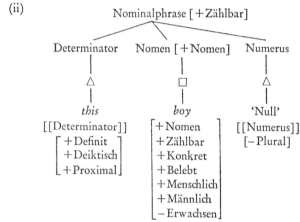

b) Semantische Merkmale, die Konkordanz-Regeln unterworfen sind, erscheinen doppelt in geeigneten Formativen. Die übereinstimmenden Merkmale und die Konkordanz-Pfade werden für jede Sprache in einem Anhang (hier nicht aufgenommen) zur allgemeinen Konkordanz-Regel aufgezählt, die folgendermaßen formuliert werden kann:

(96) Wenn A[μ] ein Lexem in einer Endkette ist (wobei μ eine Menge
von semantischen Merkmalen ist, von denen eines μᵢ ist) und ⊙ ein
leeres Quasi-Symbol ist, das von einem Kategoriensymbol K dominiert wird; und wenn μᵢ ein Glied der Menge von übereinstimmenden
Merkmalen ist, die für die Sprache aufgezählt wurden, und A—...—K
der Pfad durch den Marker von A[μ] zu K und ein Glied aus der
Menge der Konkordanz-Pfade, die für die Sprache aufgezählt
wurden, ist, ersetze ⊙ durch [μᵢ].

(97) (i)

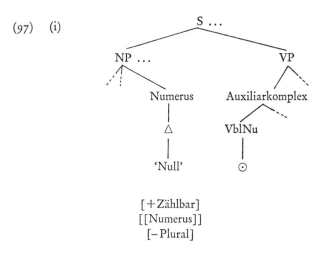

(ii)

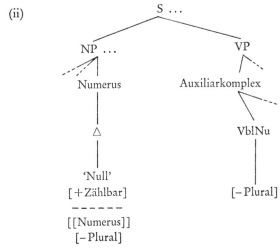

Zum Beispiel würde [+Plural] als ein Glied der Menge von übereinstimmenden Merkmalen im Englischen angegeben werden und VblNu wäre ein Kategoriensymbol, welches das Quasi-Symbol ⊙ dominiert; und der Pfad Numerus − Nominalphrase − Satz − Verbalphrase − Auxiliarkomplex − VblNu würde als ein Konkordanz-Pfad angeben. Die Konkordanz-Regel (96) würde dann die Teilkette (97 i) in (97 ii) umwandeln. Eine geeignete Regel innerhalb der morphophonemischen Komponente würde eine Struktur wie (98) als -s umschreiben.

(98)

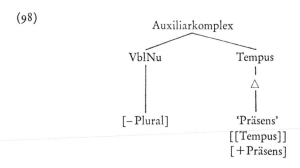

Sicherlich könnte die Konkordanz stattdessen durch geeignete Regeln in die transformationelle Komponente der Grammatik eingeführt werden. Dennoch halten wir es für wünschenswert, diese Funktion dem semantischen Prozeß zuzuweisen, da sie, obwohl sie Redundanz erzeugt, eine Handhabung semantischer Merkmale umfaßt. Es ist in diesem Zusammenhang interessant festzustellen, daß in einer Sprache, in welcher Wörter sowohl auf Grund bedeutungsvoller Kategorien (wie Genus und Kasus) als auch auf Grund willkürlicher morphophonemischer Kategorien (wie thematische und athematische Deklination) flektiert werden, nur bedeutungsvolle Kategorien in Konkordanzbeziehungen einzutreten scheinen.

c) Die Übertragungsmerkmale von Lexemen werden in die Häufungen inhärenter Merkmale anderer Lexeme verschoben. Die Übertragungs-Pfade müßten als Anhang zur Übertragungs-Regel angegeben werden, die folgendermaßen formuliert werden könnte:

(99) Wenn A[μ⟨v⟩] und K[μ'] Lexeme in einer Endkette sind (wobei μ und μ' Mengen inhärenter semantischer Merkmale sind und v ein Übertragungsmerkmal ist) und wenn der Pfad A − ... − K ein Glied der Menge von Übertragungs-Pfaden ist, ersetze [μ⟨v⟩] durch [μ] und [μ'] durch [μ'v].

88

Angenommen, das Verb *drive* enthält das Übertragungsmerkmal [...
⟨+Bewegbar-auf-Land]⟩ und Verb — Verbale — Nominalphrase — Nomen
ist einer der Übertragungspfade, die in der Beschreibung des Englischen
aufgezählt sind; dann wandelt die Übertragungs-Regel (99) (100 i) in
(100 ii) um. Durch das Einwirken von (99) wird das Merkmal ⟨+Flüssig⟩

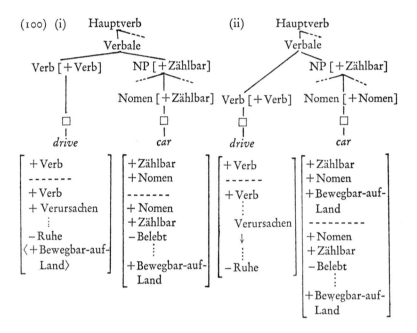

vom Verb auf das Objektsnomen in *drink carrots* übertragen; ebenso wird
in (25 ii) das Merkmal ⟨+Belebt⟩ übertragen; das gleiche Merkmal wird
in (25 iii) vom Verb auf das Subjektsnomen übertragen; das Merkmal
⟨+Plural⟩ (oder ⟨−Zählbar⟩ wird in (25 i) ebenso übertragen.

d) In jedem idiomatischen Lexem werden die semantischen Merkmale
der Konstituentenmorpheme aufgehoben. Dies hat zur Folge, daß eine
Struktur wie (90) in (88) umgewandelt wird.

e) Verkettungs-und-Einnistungs-Regel. Alle verkettbaren semantischen
Merkmale in Lexemmengen, die eine verkettende Konstruktion bilden,
werden verkettet und unterliegen den Begrenzungen und Modalisierungen, die durch die entsprechenden Konstituenten des Satzes festgelegt
werden. Ebenso werden alle Merkmale, die der Einnistung unterliegen,
eingenistet. Die einnistenden und verkettenden Konstruktionen und die
Bereiche der begrenzenden und modalisierenden Elemente werden für die

Sprache aufgezählt. (Diese Aufzählung kann in die Formulierung der Basis aufgenommen werden, z. B. indem ←+→ für eine verkettende Konstruktion, +→ für eine einnistende Konstruktion usw. verwendet wird.) Zum Beispiel, wenn NP←+→VP eine verkettende Konstruktion und V+→NP eine einnistende Konstruktion ist, kann die Verkettungs-und-Einnistungs-Regel auf die schematisierte Struktur (101 i) angewandt werden, vorausgesetzt, daß sie zyklisch von unten nach oben wirkt. So wandelt sie (101 i) in (101 ii) und dann in (101 iii) um:

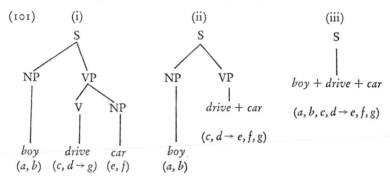

Aber wenn *boy* der Begrenzung durch einen Determinator ausgesetzt ist (wie *this boy* = ein Junge, der nahe im Zentrum der Aufmerksamkeit des Angesprochenen ist) und wenn die VP begrenzt ist, z. B. im Hinblick auf die Zeit (Past + *drive* + *car*), dann muß die Gesamtbedeutung des Satzes unter Umständen durch einen nicht reduzierbaren Ausdruck, wie er in (102) schematisiert ist, dargestellt werden.

(102) $\delta\,(a, b)\,\zeta\,(c, d \rightarrow e, f, g)$

Hier ist der Ort, wo wir uns mit der Behandlung widersprüchlicher und tautologischer Merkmale befassen wollen. Wenn [+F] und [−F] semantische Merkmale sind, die ein Gebiet semantischen Kontrasts in zwei Teile aufspalten, und wenn [+F] mehr als einmal in einer bestimmten Häufung von Merkmalen vorkommt, so nennen wir die Fälle des Vorkommens von [+F] tautologisch in bezug aufeinander (und entsprechend die Fälle des Vorkommens von [−F]). Wenn [+F] und [−F] zusammen in derselben Häufung vorkommen, nennen wir sie (einander) widersprüchlich. Wir können festlegen, daß das Wörterbuch weder Lexeme mit tautologischen noch mit redudanten Merkmalen enthalten soll. Wir haben jedoch keine Garantien dagegen eingeführt, daß Tautologien oder Widersprüche durch die Wirkung des Kalkulators − insbesondere der Neuverteilungs-Regel (94) und der Übertragungs-Regel (99) − entstehen.

Bei der Erörterung der Lexikon-Regel (50 ii) haben wir ausdrücklich davon abgesehen, ihr Beschränkungen aufzuerlegen, die sie dazu zwingen würde, nur Lexeme der ›geeigneten‹ Klasse auszuwählen. Wir müssen nun diese theoretische Lücke schließen, indem wir die Behandlung von Tautologien f) und Widersprüchen g) genau festlegen.

Wir können folglich die Wirkung der Verkettungs-und-Einnistungs-Regel in zwei Phasen aufteilen. Die erste Phase (e1) ›versammelt‹ nur die zur Verkettung bestimmten Merkmale. Dann wird dort eine Verschmelzungs-Regel f), die Tautologien ausscheidet, und eine Konstruktions-Regel g), die Widersprüche ausscheidet, eingeschoben. Die zweite Phase (e2) der Verkettungs-und-Einnistungs-Regel bewirkt dann die Verkettung aller versammelten Häufungen.

Wir wollen an dieser Stelle, Chomsky folgend (1965, S. 111), eine Redundanzregel einführen, die ausdrücklich angibt, daß zum Beispiel ein Nomen nicht auch ein Verb ist usw.

(103) Wenn F_1, F_2, ... F_n die Menge semantischer Merkmale ist, die die zentralen Lexemklassen definieren, und wenn G_1, G_2, ... G_m die Menge syntaktischer Marker ist (die randliche Lexemklassen definieren), dann impliziert $[+F_i]$ $[-F_j]$, so daß $i \neq j$ und G_i impliziert $-F_i$ für jedes $1 \leq i \leq n$.

f) Die verhältnismäßig triviale Verschmelzungs-Regel kann nun formuliert werden:

(104) Wenn $[\alpha F_1, \alpha F_2, ... \alpha F_n]$ eine Häufung semantischer Merkmale ist (wobei $\alpha = +$ oder $\alpha = -$ für jedes α) und wenn $\alpha F_i = \dot{\alpha} F_j$ ist, tilge αF_i.

Die Verschmelzungs-Regel verwandelt (105 i) in (105 ii).

(105)   (i)   *car*   (ii)   *car*

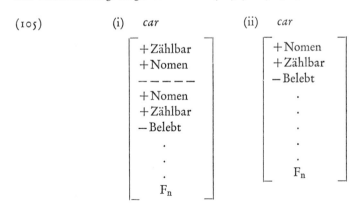

91

g) Als nächstes wenden wir uns der Ausscheidung von Widersprüchen zu. Angenommen, wir haben eine Endkette, die in den semantischen Prozeß eintritt und die Teile wie (106 i) und (106 ii) enthält. Durch die Wirkung der Neuverteilungs-Regel würden die Formative jeweils in (107 i–ii) umgewandelt. Es zeigt sich nun, daß die Formative widersprüchliche Merkmale enthalten [+Verb] und [−Verb] in (107 i), [+Nomen] und [−Nomen] in (107 ii). Ein ähnlicher Widerspruch würde

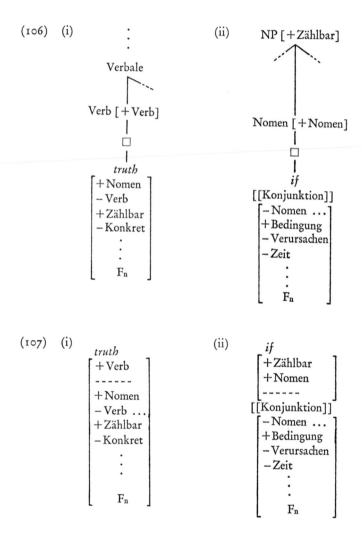

(108) (i)   (ii)

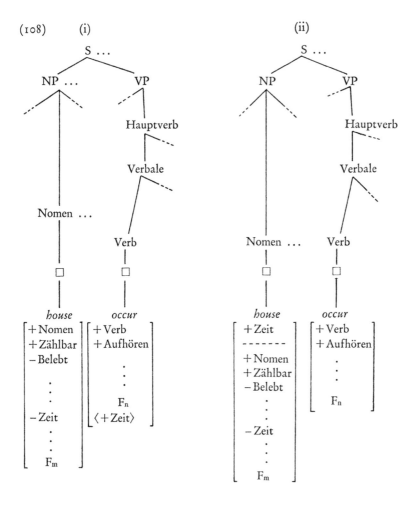

entstehen, wenn z. B. ein [−Zeit]-Nomen von einem [+Zeit]-Umstand dominiert werden sollte wie in *since the bomb, a grief ago*. Widersprüchliche Merkmale in Formativen können auch als Folge des Wirkens der Übertragungs-Regel (99) entstehen, die (108 i) in (108 ii) umwandeln kann. (Die Diagramme stellen einen Teil des Ausdrucks *A red house occured twice* dar.)

Der Kalkulator wirkt auf einen Input, der Formative mit widersprüchlichen Merkmalen enthält, indem er eine neue semantische Einheit mit komplizierterer Struktur konstruiert, in der das übertragene Merkmal entscheidend ist, aber das widersprüchliche inhärente Merkmal angeglichen werden kann. Wir wollen die Beispiele (109)–(112) betrachten.

(109 i)   *Scientists study the if.*

Ein Lexem einer randlichen Kategorie wird in eine □-Position, die von Nomen dominiert wird, eingefügt. Das Ergebnis ist eine semantische Einheit, die nur für den Augenblick konstruiert ist (d. h. nicht im Wörterbuch gespeichert wird), mit der Bedeutung ›die Konjunktion *if*‹. Wir können diesen Vorgang eine Erwähnungs-Regel nennen.

(109 ii)   *Scientists study the if.*

Unter ähnlichen Bedingungen kann das [−Nomen]-Lexem als ein [+Nomen] mit den inhärenten semantischen Merkmalen des Lexems, insbesondere [+Bedingung] ausgelegt werden. Das neu geprägte Nomen *if* kann nun als ein Synonym des Wörterbuchnomens mit denselben Merkmalen fungieren (etwa das Nomen *condition/Bedingung* selbst).

(110)   *He trues the rumor.*

Ein Lexem, bei dem die Merkmale [+Adjektiv, −Verb...] an erster Stelle stehen, wird in einen □-Schlitz eingefügt, der von [+Verb, −Adjektiv] dominiert wird. Das Ergebnis ist, daß ein neues transitives Verb konstruiert wird, das, schematisch ausgedrückt, die Bedeutung hat ›verursachen (NP) Adjektiv zu sein‹; im vorliegenden Fall — ›verursachen (NP) wahr zu sein‹.

(111)   *She was amply groomed.*

Einem Lexem *groom*, das unter anderem die inhärenten Merkmale [+Nomen, −Verb, +Belebt, +Männlich] hat, werden die Merkmale [+Verb, −Nomen] aufgezwungen. Es entsteht eine neue Einheit, die in etwa die Bedeutung hat ›verursachen, daß irgendeine (NP) Nomen hat‹, in diesem Fall: ›mit Bräutigamen versorgt sein‹. Im Englischen kann die Umwandlung eines Nomens in ein Verb auch andere semantische Wirkungen haben; das heißt, daß es mehrere parallele Unter-Konstruktions-Regeln gibt, die unter gleichen Bedingungen anwendbar sind.

(112)   *A red house occured twice.*

In ein Lexem, welches inhärent [−Zeit] ist, wird das Merkmal [+Zeit] übertragen. Das Ergebnis ist eine Interpretation von *house* als eine Komponente eines Ereignisses, z. B. ›Wahrnehmung eines Hauses‹.

94

Es läßt sich feststellen, daß einige Muster für die Konstruktion von Einheiten aus widersprüchlichen Merkmalen in einer Sprache vorgegeben sein können. (109 i) und (111) illustrieren Muster, die im Englischen fest begründet sind; die anderen ergeben kühnere Neuerungen. Wir wollen daher einen Abweichungsmarker DEV definieren und die Notation einführen, daß DEV 1 Ausdrücke kennzeichnet, die nur geringfügig von der Grammatikalität abweichen; DEV 2 kennzeichnet Ausdrücke, die stärker abweichen; und DEV 3 kennzeichnet die schärfsten Abweichungen. Wir können nun eine Konstruktionsregel postulieren, welche (113 i) in (113 ii) umwandelt:

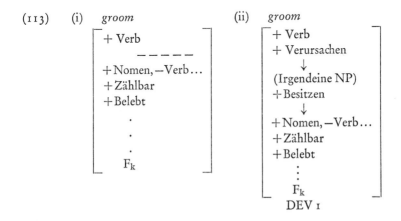

(113)   (i)   *groom*   (ii)   *groom*

Die Einfügung eines [+Nomen]-Formativs in eine [+Verb]-Position führt, auf Grund der Konstruktions-Regel, zur Bildung einer neuen Einheit — einer Konfiguration, in welcher eine der Komponentenhäufungen von Merkmalen die Menge inhärenter Merkmale des [+Nomen] ist; der ›Preis an Grammatikalität‹ für die Anwendung dieser Regel wird durch DEV 1, das im Output (113 ii) erscheint, gemessen; das heißt: die Anwendung der Regel erzeugt eine leichte Abweichung.

Ein besonderer Teil der Konstruktions-Regel muß für jedes Paar von widersprüchlichen Merkmalen formuliert werden, und der ›Preis‹ jeder Variante (d. h. der Zahlenindex von DEV, der durch die Regel generiert wird) müßte angegeben werden.

Wir können feststellen, daß manche Teile der Konstruktions-Regel in bestimmten literarischen Traditionen zu Konventionen geworden sind und standardisierte Bezeichnungen in der Rhetorik bekommen haben können. ›Personifizierung‹ zum Beispiel ist die Regel, die eine Einheit aus dem Konflikt zwischen [+Belebt] und [−Belebt] konstruiert. Der Vorgang, daß geliebten Maschinen mit Hilfe weiblicher Pronomina Weiblichkeit zugeschrieben wird, ist eine geläufige Anwendung einer bestimmten Unter-Regel der Konstruktions-Regel in weiten Kreisen männlicher englischer Sprecher. Die Konstruktion neuer Einheiten aus dem Konflikt zwischen neuverteiltem [+Zählbar] und inhärentem [−Zählbar] (vgl. § 3.42) erinnert an die Sprache von Menschen, die durch ihren Beruf daran gewöhnt sind, mit vielen verschiedenen Arten des Materials, das von dem [−Zählbar]-Nomen bezeichnet wird, umzugehen.[92]

Wir haben willkürlich drei Werte für DEV vorgeschlagen, von DEV 1 bis DEV 3. Der Grenzwert wäre DEV 0. Ein Teil der Konstruktions-Regel mit dem Abweichungsmarker DEV 0, welcher ein Lexem $X[\mu]$ in $X[\mu']$ umwandelt, ließe sich definieren als gleichbedeutend mit dem Vorhandensein homophoner Einträge $X[\mu]$ und $X[\mu']$ im Wörterbuch. Im Beispiel (113) haben wir einen Teil der Konstruktionsregel betrachtet, der transitive Verben aus Nomina erzeugt. Die Regel könnte auf das Lexem *groom* zum ›Preis‹ von DEV 1 angewandt werden. Wir könnten sagen, daß sie sich auf Nomina wie *people* oder *dot* zum ›Preis‹ von DEV 0 anwenden ließe. Dies würde das Vorhandensein der Verben *to people* und *to dot* im Wörterbuch mit genau den vorhergesagten Bedeutungen erklären. Diachronisch gesehen entspricht die Lexikalisierung einer Form, die durch halbproduktive Ableitungsprozesse abgeleitet ist, einem Sinken des DEV-Werts der Bildung auf 0.

Die Anwendung mancher Teile der Konstruktions-Regel ist mit einem bestimmten morphophonemischen Prozeß verbunden; zum Beispiel ist der Wechsel von Adjektiv zu transitivem Verb im Englischen mit der Hinzufügung des Suffixes *-en* verbunden (*whiten, gladden*); manche Verschie-

---

[92] Die ›Auflösung von Idioms‹, ein weiteres konventionell gewordenes Verfahren, besteht in der Weglassung der oben unter d) zitierten Aufhebungs-Regel. Diese Weglassung scheint mit sehr hohen DEV-Werten verbunden zu sein. Andere Arten der Metaphernrealisierung können nicht formuliert werden, ehe die Theorie genügend verfeinert ist, um die Erscheinungen der Spezialisierung durch den Kontext vollständiger zu erfassen. – Was hier durch die Konstruktionsregel erreicht wird, wurde vor kurzem, vielleicht etwas informell, von McIntosh (1961) unter der Rubrik ›range-extending tendencies‹ erörtert. Wir haben bis jetzt das Problem der Verkettung von widersprüchlichen Merkmalen, die beide inhärent sind, wie in (26 i), noch nicht gelöst. Wenn McIntoshs Vermutungen richtig sind, müßten wir erklären, warum die Bedeutung des modifizierten Nomens in *hammering weekend* intakt bleibt, wogegen es in *steel postage-stamp* die Bedeutung des beigefügten Nomens ist, die intakt bleibt. E. H. Bendix hat mich darauf hingewiesen, daß unter Umständen auch zwischen ›ernsthafter‹ Konstruktion und metaphorischer ›Gewissermaßen‹-Konstruktion geschieden werden muß.

bungen von Nomen zu Verb sind mit dem Suffix -ize (*atomize*) verbunden; und manche Verschiebungen von Adjektiv zu Nomen sind mit der komplementären Gruppe von Suffixen -ness, -ity usw. verbunden. Wenn A ein Lexem ist und R ein Teil der Konstruktions-Regel, muß die Grammatik sowohl den morphophonemischen Mechanismus (falls ein solcher vorhanden ist) als auch den ›Preis‹ (DEV-Wert) der Anwendung von R auf A angeben. Niedrige DEV-Werte entsprechen einem hohen Maß an Produktivität.[93]

Die Notwendigkeit, die semantischen Einzelheiten einer Endkette festzustellen, bevor die morphophonemischen Begleitumstände des Klassenwechsels angegeben werden, ist ein weiterer Grund dafür, warum wir im Diagramm (76) den Kalkulator in Zusammenhang mit der morphophonemischen Komponente der Grammatik gestellt, aber noch vor dieser angeordnet haben.

3.52 Der semantische Evaluator

Die Funktion des semantischen Evaluators ist es in erster Linie, ein quantitatives Maß für die Abweichung eines Satzes vom Normalen zu errechnen. Eine Möglichkeit, dies zu erreichen, wäre, einen zweigliedrigen Index p/q zu errechnen, in dem p die Anzahl der von der Konstruktions-Regel erzeugten DEV-Symbole wäre und q die Summe der Zahlenindices aller vorkommenden DEVs. Ein Satz, der mit o/o bewertet wird, wäre dann völlig normal. Weitere ganzheitliche Meßverfahren könnten beliebig ausgearbeitet werden. Andererseits könnte es sich als nützlich erweisen, die DEV-Symbole zusammen mit Angaben über die Teile der Konstruktions-Regel, aus deren Wirkung sie sich ergeben, zum Input einer stilistischen Theorie im Sinne von Riffaterre (1964, mit weiteren Hinweisen) zu

---

[93] Bei einer gegebenen Teilregel R, die mit zwei alternativen morphophonemischen Prozessen M_1 und M_2 verbunden ist, kann die Anwendung von M_1 auf ein bestimmtes A einen höheren DEV-Wert haben als die Anwendung von M_2. Zum Beispiel können sowohl -ness als auch -th an das Adjektiv *warm* angehängt werden, wenn es in eine □-Position, die von Nomen dominiert wird, eingefügt wird; aber *warmness* ist mit einem höheren DEV-Wert verbunden als *warmth*. Vermutlich würde eine dritte morphophonemische Variante – Null (*the cold of his gaze, the warm of his smile*) – einen noch höheren DEV-Wert erzeugen. Zu Graden der Produktivtiät vgl. jetzt Zimmer (1964). – Die Bildung komplexer Wörter aus Stämmen, die von Katz und Postal (1963) als ein Aspekt der Idiomatizität behandelt wurde, kann auch als ein syntaktischer Prozeß mit einem hohen DEV-Wert in seinem Output aufgefaßt werden. (Auch in der Phonologie könnten ›Ausnahmen‹ vielleicht mit Hilfe des Preises für die Weglassung der Anwendung einer Regel bewertet werden.)

machen. In diesem frühen Stadium der Entwicklung der Theorie läßt sich nicht sagen, mit welchen Mitteln unser Gefühl für Abweichungen am besten erfaßt werden könnte.

Ein wichtiger Aspekt unseres Ansatzes ist es, daß diese quantitative Bewertung eines Ausdrucks nur die letzte Phase in der Charakterisierung des G r a d e s seiner Abweichung darstellt. Die qualitative N a t u r seiner Abweichung jedoch ist bereits durch die Teile der Konstruktions-Regel, die obligatorisch auf ihn angewandt wurden, charakterisiert; und diese Teile der Regel geben zugleich die Gewähr dafür, daß auch ein abweichender Satz — ebenso wie ein nicht-abweichender Satz — eine semantische Interpretation erhält.

Abweichung wird, wie weithin anerkannt, in verschiedenen Graden geduldet, je nach der Gelegenheit und dem Zweck der Äußerung und der Vorstellungskraft des Sprechers und Hörers. Wenn die Sprache für dichterische Zwecke benutzt wird, wird ein höherer Grad an Abweichung geduldet; in manchen literarischen Gattungen kann sie sogar notwendig sein (damit die Sprache nicht an Banalität leidet). In manchen modernistischen Gedichten — wie z. B. im Werk von E. E. Cummings — erreicht der Grad der Abweichung völlig abwegige Ausmaße, und nur ganz wenige Leser haben die Intelligenz oder die Ausdauer, ihre Phantasie so vollständig spielen zu lassen, wie es die intensive Anwendung der Konstruktions-Regel erforderlich macht.

Wir können uns eine bestimmte Sprache (einen Dialog, ein literarisches Werk, eine Gattung usw.) so vorstellen, daß sie von einer ›Einstellung‹ des Evaluators auf einen bestimmten Wertbereich von p/q gesteuert wird. Diese ›Einstellung‹ kann von der stilistischen Theorie geliefert werden. Wenn ein Satz die zulässige Obergrenze von p/q überschreitet, wird er als UNSINN gekennzeichnet; andernfalls ergibt er eine semantische Interpretation, die mit der phonetischen Darstellung des Satzes gekoppelt wird. Zum Beispiel kann der Evaluator auf einen Wert eingestellt werden, bei dem (25 iii) interpretiert wird, wogegen (25 vi) oder (25 i), oder auch (24 i–iii), so stark abweichen, daß sie als Unsinn ausgeschieden werden. Vom Standpunkt unserer Theorie aus würden Ausdrücke wie die in (23) bei j e d e r Einstellung des Evaluators als Unsinn eingestuft; das heißt: sie sind nur unter der Bedingung interpretierbar, daß hinter der morphophonemischen Fassade ein bestimmter anderer Satz vermutet wird. Dies ist nicht der Fall bei (24)–(26).

Ein noch genaueres Verfahren würde eine Einschätzung der Interpretationsmöglichkeit von Sätzen auf Grund der einzelnen Konstituenten nacheinander vorsehen. Wir könnten einen bestimmten Wert von DEV festlegen (z. B. DEV 4), der genügen würde, eine semantische Interpretation eines bestimmten Teils des Satzes zu BLOCKIEREN (z. B. alle Teile, die von einem bestimmten Knoten dominiert werden, der auch DEV 4 dominiert). Der Output des Kalkulators wäre dann nicht eine Satzinterpretation, sondern ein Interpretationsschema, wobei ein Teil des Satzes uninterpretiert bleibt. Dies würde es uns ermöglichen, das teilweise Verstehen von Sätzen, in denen ein unbekannter Wortschatz benutzt wird, zu erklären — z. B. ›double talk‹ oder ›Jabberwocky‹.

Chomsky (1965) erörtert die verschiedenen Möglichkeiten des Outputs der Basis der Grammatik, bei denen es sich nicht um Tiefenstrukturen von Sätzen handelt, weil die Anwendung irgendeiner transformationellen morphophonemischen Regel blockiert ist. Zum Beispiel können wir an Stelle von S in der Endkette *the man* ‖ *S* ‖ *nodded* den Satz *the man came* einfügen, was dann schließlich den komplexen Satz *the man who came nodded* ergibt. Wenn aber S zum Beispiel durch *the lady came* ersetzt wird, ergibt die zugrunde liegende Endkette (114) keinen Satz, da die Wirkung der Relativsatz-Transformation auf Grund des Fehlens geeigneter Kontextbedingungen blockiert ist.

(114)   *The man* ‖ *the lady came* ‖ *nodded.*

Die allgemeine Theorie der Sprachbeschreibung ließe sich vielleicht erweitern um die Ähnlichkeit zwischen dieser Art von Blockierung und derjenigen Blockierung, die mit DEV-Werten verbunden ist, welche eine festgelegte Größe überschreiten, aufzuzeigen. Das Fehlen von Bedingungen, die dafür nötig sind, daß eine bestimmte Transformation durchgeführt wird, ließe sich mit dem Vorhandensein von Bedingungen für einen Teil der Konstruktions-Regel, in deren Output DEV-Werte erscheinen, die das vom Evaluator erlaubte Höchstmaß überschreiten, vergleichen. Wenn die Einstellung des Evaluators sehr niedrig ist, würde (25) blockiert (= als Unsinn ausgeschieden), ebenso wie (114).

4. Abschließende Bemerkungen

4.1 Syntax und Semantik

Es gibt genügend Beweise dafür, daß die Betrachtung einzelner Einheiten das semantische Denken gewöhnlich unfruchtbar macht, wogegen die Untersuchung von Gruppen miteinander verbundener Einheiten oft zu Fortschritten in der semantischen Theorie geführt hat. Es ist bezeichnend, daß mehrere junggrammatische Sprachwissenschaftler, die in der Phonologie einen ausgesprochen atomistischen Standpunkt einnahmen, eine eindeutig strukturalistische Haltung bezogen haben, wenn es um die Behandlung synchronischer semantischer Erscheinungen ging.[94] Aus der Literatur über Komponentenanalyse und semantische Felder[95] ergeben sich anregende Problemstellungen, die mit reichem Beispielmaterial gewürzt sind, wie auch gelegentliche Lösungen. Aber selbst die systematische Semantik ist zu einem isolierten Platz innerhalb der gesamten Linguistik verdammt, solange paradigmatische Beziehungen die einzige Form sprachlicher Muster sind, denen sich die Aufmerksamkeit zuwendet. Es ist zweifellos wichtig zu verstehen, wie die Bedeutung eines Wortes in einem Wortschatz durch die Bedeutungen anderer Wörter in dem gleichen Wortschatz bestimmt wird; doch muß immer noch eine Erklärung für die Art und Weise gegeben werden, wie sich die Bedeutung eines Satzes aus den Bedeutungen einzelner Wörter zusammensetzt.

Die Theorie KF war ein Versuch, eine solche Erklärung im Rahmen einer bestimmten, äußerst strengen und fruchbaren Beschäftigung mit der Syntax zu liefern. Wir haben auf diesen Seiten behauptet, daß die Theorie KF das nicht erreicht hat, was sie sich zu tun vorgenommen hatte, und daß sie sich außerdem weit weniger vorgenommen hatte als das, was eine semantische Theorie, die mit einer generativen Betrachtungsweise der Grammatik vereinbar ist, tun sollte.

---

[94] Z. B. Osthoff (1900).
[95] Zur Komponentenanalyse vgl. Conklin (1962); Wallace und Atkins (1960); und für neuere Literatur Burling (1964). Den besten Überblick über die Wortfeld-Literatur bieten Kuznecova (1963) und Ufimceva (1962).

Einer der Gründe für die Schwierigkeiten von KF war, so scheint es, die Annahme, daß die Semantik dort beginnt, wo die Syntax aufhört. Der Alternativvorschlag, der hier in Umrissen dargestellt wurde, macht nicht den Versuch, unüberschreitbare Grenzen zwischen den Gebieten der Syntax und der Semantik abzustecken. Im Gegenteil: wir haben für ihre tiefe gegenseitige Durchdringung plädiert. Sicherlich bleiben die Grundbegriffe der semantischen und der syntaktischen Theorie erkennbar getrennt. Eine (syntaktische) Verzweigungsregel bleibt formal unterscheidbar von den Verfahren, die mit semantischen Merkmalen durchgeführt werden, wie sie durch die Regeln in § 3.51 beschrieben wurden. Dadurch daß wir die Ansicht übernehmen, daß Transformationen Prozesse sind, die nichts zur Bedeutung der Sätze beitragen, unterstützt unsere Theorie auch die grundsätzliche Geschiedenheit syntaktischer Strukturen. Zugleich ermöglicht jedoch unsere Theorie das aufeinander folgende Ineinandergreifen mancher syntaktischer und semantischer Regeln und insbesondere das Erscheinen semantischer Symbole in einer Derivation vor der Anwendung der letzten syntaktischen Regel.

Die Wechselbeziehungen zwischen Syntax und Semantik, wie sie hier geschildert werden, sind nicht als ein beschwichtigender Kompromiß zwischen gegensätzlichen Vorschlägen gedacht, sondern als eine genaue Wiedergabe der sprachlichen Wirklichkeit. Es läßt sich zeigen, daß jede andere Abgrenzung — ob sie nun mehr die Syntax oder die Semantik bevorzugt — zu unerwünschten Folgen führt.

In der Logik werden die Beziehungen von Symbolen zueinander innerhalb einer ›Objektssprache‹ als syntaktisch eingestuft, wogegen die Beziehungen von Symbolen zu bestimmten Gebilden außerhalb der ›Objektssprache‹ in das Gebiet der Semantik gehören. In künstlichen, durch Übereinkunft entstandenen Systemen ist diese Dichotomie sowohl begründet als auch durchführbar; doch in natürlichen Sprachen sind auch semantische Beziehungen Beziehungen zwischen Symbolen — nämlich zwischen einem Definiendum und den Gliedern seines Definiens. Außerdem sind die Glieder des Definiens, wie auch die syntaktische Form der Definition, Elemente der ›Objektssprache‹ selbst und nicht irgendeiner spezialisierten Metasprache. Folglich ist die logistische Dichotomie auf natürliche Sprachen nicht anwendbar. Indem sie diese jedoch in die Linguistik übertrugen und darauf bestanden, daß die Semantik erst beginnt, wenn die Syntax aufhört, haben die meisten Arbeiten über generative Grammatik zuviel für die Syntax beansprucht. Selbst wenn sich die Konstituentenelemente einer Sprache vollständig und eindeutig in ein nicht-terminales und ein terminales Vokabular trennen lassen (so daß das nicht-terminale Vokabular

in die Grammatik gehört und das terminale Vokabular in das ›Lexikon‹),
so gibt es doch keine Grundlage für die Ansicht, daß nur das terminale
Vokabular semantischen Überlegungen unterworfen ist.[96] Eine solche
Annahme führt zu hoffnungslos zirkulären, unlösbaren Streitfragen über
die Grenze zwischen grammatischer und semantischer Abweichung. Obwohl sie behauptet, daß die Gebiete der Syntax und der Semantik getrennt
sind, ist die generative Grammatik wiederholt bei dem Versuch gescheitert,
eine Grenzlinie zwischen den beiden anzugeben. Inzwischen hat die Aufstellung einer oberflächlichen kompatiblen, aber fundamental asyntakti-
schen semantischen Theorie (KF) faktisch nichts dazu beigetragen, die
semantische Kompetenz der Sprachbenutzer zu erklären.

Die umgekehrte Spielart der Unausgeglichenheit kommt beispielhaft
durch den Anspruch zum Ausdruck, daß alles in der Syntax semantisch
relevant sei. Dieser Fehler wurde zuerst, wie es scheint, von den Gram-
matikern im Mittelalter gemacht, die mechanisch eine Klassenbedeutung
(›consignificatio‹ oder ›modus significandi‹) für j e d e grammatische Kategorie postulierten, einschließlich solcher heterogenen Kategorien, wie es
der lateinische Genitiv ist. Die Existenz einer unwandelbaren Bedeutung
der ›Genitivität‹ zu behaupten, für einen Fall, der unter anderem das
direkte Objekt mancher finiten Verben, das direkte Objekt jedes Verbs
bei der Nominalisierung, das Subjekt jedes Verbs bei der Nominalisierung
und noch andere Beziehungen bezeichnet, ist, so glaube ich, gleichbedeutend
mit einer völligen Inhaltsentleerung des Begriffs der Klassenbedeutung.
In der modernen Linguistik war der beredteste Vertreter eines solchen
Vorgehens wohl Roman Jakobson. Alle seine Bemühungen — seine Suche
nach einer ›Grundbedeutung‹ für jeden russischen Kasus (1936) oder nach
einer Begründung dafür, warum z. B. das englische Verb, wenn es negiert
ist, das ›emphatische‹ Hilfsverb *do* erfordert (1959) — verwechseln die
völlig bedeutungslose Anordnung von Mustern der Sprache (Transformationen und morphophonemische Veränderungen) mit der durchaus bedeu-
tungshaften Anordnung von Mustern der grammatischen Basis. Wenn
diese Bereiche nicht getrennt werden, ist die Analyse beider Gebiete zu
dauernder Formlosigkeit verurteilt.

Wie steht es nun mit der Forderung, daß die grammatische Analyse

---

[96] Die einzige Konzession an die Semantik innerhalb der generativen Syntax
stellt vielleicht der Gebrauch von ›grammatischen Formativen‹ wie Past,
Plural usw. dar. Aber selbst diese sind immer Konstituenten der letzten Zeile
einer präterminalen Kette.

den Vorrang vor der semantischen Analyse haben soll?[97] Die Aussichten dafür, alternative syntaktische Analysen einer Sprache ohne Bezug auf die Semantik zu bewerten, scheinen heute weniger realistisch und sicherlich weniger einladend zu sein, als sie es noch 1957 schienen. Aber wenn ein Rückzug auf die Position ›Keine Syntax ohne Semantik‹ unumgänglich erscheint, dann wird vielleicht die Einsicht in die Tatsache, daß es keine Semantik ohne Syntax geben kann, für die notwendig erscheinenden Zugeständnisse entschädigen. In der Praxis bedeutet dies, daß in Zukunft semantische Aussagen das Verhalten von Wörtern erklären müssen und daß der Gegenstand der semantischen Analyse nicht nur aus Ketten von Formativen wie (115) bestehen darf, sondern aus vollständigen Tiefenstrukturen wie (74) und (93) zusammen, unabhängig davon, ob sie wohlgeformt sind oder nicht und ob sie eindeutig sind oder nicht. Vor allem

(115)   *These boys found a car somewhere.*

bringt aber der Rückzug auf ›Keine Syntax ohne Semantik‹ nicht automatisch ein Aufgeben der Ziele der Generativität für die Linguistik mit sich. Im Gegenteil: die syntaktische Forschung des letzten Jahrzehnts hat explizite Beschreibungen sprachlicher Mechanismen ergeben, die nie zuvor verstanden worden waren, und es besteht begründeter Anlaß für die Hoffnung, daß eine generative Betrachtungsweise in der Semantik zu Fortschritten in der Lexikologie und der Grammatik führen wird, die nicht weniger eindrucksvoll sind als die in der transformationellen Syntax erzielten Ergebnisse.

4.2   Abweichende Äußerungen

Die Klassifizierung und Analyse abweichender Äußerungen ist ein sicherer Hinweis darauf, in welcher Weise sprachliche Erscheinungen auf Syntax und Semantik verteilt sind. Wenn die hier vorgeschlagene Theorie richtig ist, dann ist der Versuch, abweichende Äußerungen einzuteilen in solche, die nur grammatisch seltsam sind, und solche, die nur semantisch seltsam sind, ein nutzloses Unterfangen,[98] da die wichtigste Gruppe von Abweichungen grammatisch u n d semantisch seltsam zu gleicher Zeit ist. Ebenso nutzlos ist der Versuch, den Übergang von grammatischen zu semantischen Abweichungen als eine kontinuierliche, möglicherweise sogar quantifizier-

---

[97] Meine Absicht bei der Forderung nach einem solchen Vorrang in einer früheren Veröffentlichung (1963 a, S. 116f.) war es, auf eine logische Hierarchie hinzuweisen, nicht auf eine Reihenfolge bei den Entdeckungsverfahren.

[98] Beispiele sind Putnam (1961), Chomsky (1961, mit Literaturangaben), Ziff (1964).

bare Verschiebung auf einer Skala zu sehen. Ein weit aussichtsreicheres Vorgehen wäre es, Abweichungen auf Grund der Regel, die verletzt worden ist, zusammenzufassen. (Wenn wir dies unternehmen, müssen wir sichergehen, daß der Gegenstand der Zusammenfassung aus einzelnen Regelverletzungen, nicht aus ganzen Sätzen, besteht. Ein bestimmter Satz kann mehrere Abweichungen unterschiedlicher Art enthalten.) Folgende Klassifizierung würde sich ergeben:

a) Verletzung transformationeller und morphophonemischer Regeln ergeben ›rein‹ grammatische Abweichungen wie (23 i—iii). Die Reaktion des Hörers besteht darin, einen einzigen richtigen Prototyp für den abweichenden Satz zu rekonstruieren – z. B. *He goes home* oder *He went home* für (23 iii).

b) Verletzungen von Regeln im Kalkulator ergeben ›rein‹ semantische Abweichungen. Sie bestehen aus Satzrealisierungen, die von einem Sprecher gemeint oder von einem Hörer verstanden werden, unter Verletzung einer Regel des Kalkulators oder unter Nichtbeachtung der semantischen Merkmale eines Wortes, so wie sie im Wörterbuch gespeichert sind. Nehmen wir den Satz *They flew the craft*. Da die Bedeutungen der Komponentenwörter, die syntaktische Form des Satzes und die Wirkung der Übertragungs-Regel (99) gegeben sind, muß dieser Satz implizieren, daß das fragliche Fahrzeug ein Flugzeug, eine Rakete oder etwas ähnliches war. Wenn der Satz mit der Absicht gesagt würde, sich auf ein Landfahrzeug zu beziehen, oder wenn er so verstanden würde, würde eine semantische Abweichung auftreten.[99] Damit sind ›rein‹ semantische Abweichungen nicht in der wahrnehmbaren Äußerung greifbar, sondern sie existieren nur in der ›Vorstellung‹.

c) Da bei den Regeln der kategorialen Komponente der Grammatik semantische Merkmale beteiligt sind – entweder inhärent oder durch die Wirkung des Kalkulators –, ist jede Verletzung einer kategorialen Komponentenregel zugleich g r a m m a t i s c h und s e m a n t i s c h. In der Tat ist dies der interessanteste Typ der Abweichung, da die Reaktion auf sie darin besteht, eine Interpretation zu konstruieren. Da diese Abweichungen die einzigen sind, die sowohl allgemein wahrnehmbar als auch interpretierbar sind, sind sie es allein, die in der vernünftigen Verständigung eine Rolle spielen können.

---

[99] Alle analytisch falschen Sätze – wie (22), (26 ii, iv) oder der erwähnte Ausdruck *To vote is to fail in one's civic duty* – lassen sich als ein Fall semantischer Abweichung beurteilen.

4.3 Rückblick und Ausblick

Das Hauptinteresse der vorliegenden Untersuchung galt der Fortsetzung der in einem früheren Aufsatz (1963 a) begonnenen Erkundungen zur semantischen Form komplexer Symbole bis zur Größe eines Satzes. Das durchgehend angewandte Verfahren bestand darin, soweit wie möglich dabei zu gehen, die Bedeutung von Sätzen als homogen zu behandeln, aber zugleich in ihr so viel Struktur zu erkennen, wie notwendig ist, um die Irrtümer von zu sehr vereinfachenden Darstellungen zu vermeiden. Das wichtigste Ergebnis war die Entdeckung, daß komplexe semantische Information im Wörterbuch einer Sprache in Formen der gleichen Art gespeichert wird, wie sie sie auch in Sätzen annimmt. Dies führt seinerseits zu einer Forderung nach einer tieferen gegenseitigen Abhängigkeit zwischen dem Wörterbuch und der unendlichen Menge ›regelmäßiger‹ Sätze einer Sprache, als es gewöhnlich anerkannt wird. Die moderne Linguistik, sowohl Bloomfieldscher als auch generativer Prägung, ist von der aus der symbolischen Logik entlehnten Annahme ausgegangen, daß ›semantische Regeln‹ (Regeln, die die Bedeutung der Wörter bestimmen) metasprachliche Aussagen sind, die sich äußerlich von Aussagen in der Objektssprache unterscheiden lassen. Die vorliegende Untersuchung mag als ein Argument gegen dieses unbegründete Postulat aufgefaßt werden.

Bei dieser Gelegenheit wurde größere Sorgfalt als in den früheren Veröffentlichungen des Autors über Semantik darauf angewandt, den Ansprüchen an das Niveau theoretischer Deutlichkeit, welches sich in der syntaktischen Literatur der letzten Jahre eingebürgert hat, Genüge zu leisten. Zugleich wurde ein Versuch zur Klassifizierung sprachlicher Ausdrücke unternommen, um die Fesseln der Alternative: entweder interpretierbar oder abweichend abzuschütteln. In einem früheren Aufsatz wurden semantische Anomalien wie *enter out* grundsätzlich zur Prüfung angenommen, dagegen wurde *into out* aus Gründen seiner grammatischen Nicht-Wohlgeformtheit zurückgewiesen (Weinreich 1963 a, S. 117). Die in der vorliegenden Abhandlung entwickelte Theorie weicht nicht einmal vor Anomalien dieser Art zurück (vgl. (109)).

Die neue Ausrichtung, die diese Untersuchung genommen hat, geht vor allem von drei Triebkräften aus. Die erste war die Einsicht — die aus Gesprächen mit Benjamin Hrushovski stammte, aber bis jetzt nur zögernd weiterverfolgt worden ist (1963 a, S. 118, 134) —, daß eine semantische Theorie nur beiläufiges Interesse verdient, wenn sie nicht in der Lage ist, den dichterischen Gebrauch der Sprache und noch allgemeiner interpretierbare Abweichungen zu erfassen. ›Interpretation‹ ist hier in einem tieferen, konstruktiveren Sinn aufgefaßt worden, nicht nur als ›Erraten eines nicht-abweichenden Prototyps‹. Die Theorie KF gleicht, obwohl sie auf Prozesse zurückgreift, einem ›item-and-arrangement‹-Modell der Sprache, auf Grund ihrer Forderung, daß die Bedeutung eines Satzes nichts enthalten soll, was nicht im Wörterbuch gespeichert ist. (Es sei daran erinnert, daß in KF ein Satz stets weniger mehrdeutig oder gleich mehrdeutig wie seine Komponenten ist; er ist nie mehrdeutiger.) Wenn daher KF so erweitert werden sollte, daß sie sich mit Anomalien aufgeschlossener befassen kann, als nur sie zu identifizieren und beiseitezuschieben, wäre ein gigantisch aufgeschwollenes Wörterbuch erforderlich mit einem ziemlich kleinen ›normalen‹ Teil und einem unbegrenzt großen ›anomalen‹ Teil. Aber dies würde die Tatsache verschleiern, daß Anomalien spontan im Verlauf des Sprechens entstehen. Unsere eigene Lösung bestand darin, ein Wörterbuch von begrenzter Größe zu postulieren, das nur ›normale‹ Einträge enthält, aber die Bildung neuer Mehrdeutigkeiten und einer beliebigen Zahl von Anomalien als einen Prozeß, der die Derivation eines Satzes begleitet, zu berücksichtigen.

Die zweite Triebkraft für diese Arbeit war die Einsicht, daß mit der Doktrin der Informationstheorie ›obligatorisch = bedeutungslos‹ in der Linguistik ernstlich Mißbrauch getrieben worden ist. Die umgekehrte Proportionalität zwischen Redundanz und Information gilt nur für die Elemente des Signals, d. h. für die Oberflächenstruktur. Gerade auf dieser Ebene — der phonologischen — war der Begriff so fruchtbar in der Linguistik, und auf der Ebene der Signale wurde er dann erneut fruchtbar in der Informationstheorie. Es ist sogar möglich, daß er in der weiteren Untersuchung sprachlicher Oberflächenstrukturen (morphophonemische lange Komponenten, Verhältnis Morph—Wort usw.) fortgesetzt Anwendung findet. Aber wenn es innerhalb der Linguistik eine semantische Theorie geben soll, muß ganz klar festgestellt werden, daß das, was ein Signal durch Redundanz verliert, nicht seine Bedeutung ist, sondern nur sein Informationsgehalt, sein Vermögen, autonom ein Element der Tiefenstruktur zu identifizieren. In der Tiefenstruktur einer Sprache gibt es keine Signale: die Einheiten bestehen ganz aus Bedeutung. Die Tatsache, daß in der Tiefenstruktur gewisse ›bits‹ der Bedeutung (Merkmale) in festgefügten Gruppen gespeichert sind und in einer vorhersagbaren Form gebraucht werden, vermindert ihre Bedeutungshaftigkeit nicht im geringsten. Zum Beispiel impliziert das Merkmal [+Männlich] ganz allgemein gültig [+Belebt]; dies nimmt jedoch einem Wort, das das erste Merkmal enthält, nicht die ›Mitbedeutung‹ der Belebtheit. Die meisten englischen Sätze enthalten völlig vorhersagbar einen Hinweis auf die Zeit (durch das Tempus des Verbs); diese Vorhersagbarkeit macht jedoch den Hinweis auf die Zeit nicht bedeutungslos. Gewisse Aspekte der Wirklichkeit, die durch Adjektive bezeichnet werden, enthalten ein unausbleibliches Merkmal der ›Qualität‹, das ihnen durch das Wort übertragen wird. In der Oberflächenstruktur würde ein solches vorhersagbares Element keine Information zur Identifizierung der Einheit enthalten; in der Tiefenstruktur ist es bedeutungsvoll, jedesmal wenn es ›vorkommt‹.[100]

Die dritte Triebkraft, die unser Unterfangen beeinflußt hat, war der von Noam Chomsky geführte Beweis, daß der Begriff des Merkmals außerhalb seines ›heimischen‹ Gebiets der Phonologie und der paradigmatischen Semantik theoretische Möglichkeiten bietet. Bei der Untersuchung lexikalischer Systeme haben semantische Merkmale (oder ›Komponenten‹ oder ›Bedingungen für die Denotation‹) ihre Nützlichkeit schon lange bewiesen; aber es schien eine formale Zusammenhanglosigkeit zwischen lexikalischen Bedeutungen in Merkmalform und syntaktischen Bedeutungen, die als Subklassifizierungen formuliert waren, zu bestehen. Als erst vor wenigen Jahren ein Syntax-Forscher das Ziel ins Auge faßte, die Unverträglichkeit von z. B. *loud circle* oder *drink carrots* oder der Ausdrücke in (26) mit den Methoden der syntaktischen Subkategorisierung zu erfassen, schien die Aufgabe sehr entmutigend zu sein. Im Gegensatz zur Syntax im engeren Sinn türmte sich die explizite semantische Analyse als ein Gebäude von unübersehbaren und ergebnislosen Kreuzklassifizie-

---

[100] In etwas abweichender Formulierung wurde dieses Argument auch von Carnap und Bar-Hillel (1953) gegeben. – Angenommen, ich bestelle beim telefonischen Auftragsdienst, daß ich jeden Morgen um 7 Uhr durch eine Folge von kurzen und langen Klingelzeichen mit dem Muster . . . – . . . geweckt werde. Da es keine minimal unterschiedlichen Telefonklingelzeichen gibt, können wir feststellen, daß zum Beispiel das letzte . . . redundant im Hinblick auf die langen Klingelzeichen ist, da die Identität des Signals (eine Oberflächenstruktur) ohne es völlig feststeht. Dennoch ist das Signal als Ganzes, obwohl es vorhersagbar ist, durchaus bedeutungsvoll jedesmal, wenn es vorkommt. – Wir wollen uns wieder Beispielen aus der Sprache zuwenden. Eine scharfsinnige, funktional differenzierte Erörterung des Genus, die von Martinet vorgelegt wurde (1962, S. 17–19), ermöglicht uns zu sehen, daß eine Sprache wie das Französische zwischen morphophonemischen Merkmalen des Genus Maskulin/Feminin, die bei Redundanzen beteiligt sind, und semantischen Merkmalen des Geschlechts Männlich/Weiblich, die es nicht sind, unterscheidet. Ein Wort mit dem semantischen Merkmal Männlich kann das morphophonemische Merkmal Feminin haben (wie *sentinelle*). Im Gegensatz dazu (KF ist hier anderer Meinung; vgl. § 2.22) ist ›Genus‹ im Englischen ausschließlich eine Angelegenheit semantischer Merkmale; d. h. die Wahl der Pronomina (*he/she*) wird durch semantische Merkmale bestimmt, nicht durch morphophonemische Merkmale des ›ersetzten‹ Nomens. Wie E. H. Bendix bemerkt hat, macht die hier dargelegte Position die Verschmelzungs-Regel (104) überflüssig oder weist ihr zumindest nur einen Notationsstatus im Vergleich mit den anderen Komponenten des semantischen Prozesses zu.

rungen von Wörtern auf.[101] Chomskys Einführung des Merkmalbegriffs in die Syntax hat, indem sie diese Zusammenhanglosigkeit beseitigte, die Wahrscheinlichkeit vergrößert, daß sich lexikalische und grammatische Untersuchungen integrieren lassen.

Der vielleicht am wenigsten befriedigende Aspekt der hier dargelegten Theorie, wie auch der ganzen, mit der Ausweitung der generativen Grammatik in die Semantik befaßten Literatur, ist die Annahme, daß binäre Merkmale einen angemessenen Apparat für die Darstellung der Bedeutungen aller Simplicia bilden. Eine solche Annahme führt zu aus der phonologischen Theorie wohlbekannten Schwierigkeiten bei der Interpretation der Abwesenheit entweder des positiven oder des negativen Werts eines Merkmals als eines dritten Wertes. Die Gefahren in der Semantik sind jedoch weit größer als in der Phonologie, da es noch immer schwer fällt, sich eine begrenzte Zahl von Merkmalen vorzustellen. Die Notwendigkeit, jedes Morphem im Hinblick auf eine äußerst große Zahl von semantischen Merkmalen mit einer Null zu kennzeichnen, zeichnet sich drohend als höchst unwünschenswert ab. Der bei manchen Bedeutungen (wie bei der von *cat*) unglückliche Zwang, diese überhaupt mit Hilfe eines Merkmalmechanismus darstellen zu müssen, ist ein weiterer guter Grund für die Suche nach Alternativen.

Die hier gemachten theoretischen Vorschläge haben durchaus den Charakter eines Versuchs und sind auch in mancher anderen Hinsicht unfertig. Die verschiedenen semantischen Prozesse, die in § 3.22 beschrieben wurden, müssen mit weit größerer Genauigkeit definiert und die Wörterbuchdefinitionen müssen viel strenger formuliert werden. Was aber am allerdringendsten in der Semantik fehlt, ist neues empirisches Material, das in gewissenhafter Untersuchung konkreter lexikalischer Fakten erarbeitet worden ist. Reiches Material über die Beziehung zwischen syntaktischen Eigenschaften und semantischen Merkmalen kommt aus der Arbeit der ›strukturalistischen Lexikologen‹ in Moskau.[102] Es ist jedoch wichtig,

---

[101] In einem Rückblick auf seine semantische Klassifizierung russischer Verben durch die Methode der syntaktischen Subkategorisierung hat Apresjan (1962, S. 162) festgestellt, daß sein Erfolg möglicherweise auf besonders differenzierten distributionellen Eigenschaften der für die Untersuchung ausgewählten Verben beruht. Die Unterscheidung zwischen Verben mit ähnlichem syntaktischen Verhalten wie *automatize* und *acclimatize*, ist möglicherweise, so meint er, nicht linguistisch. Doch eine Theorie, die nicht in der Lage ist, den semantischen Unterschied zwischen solchen Verben darzustellen, wäre wahrscheinlich auch nicht in der Lage, den Unterschied zwischen den meisten Nomina in einem Wörterbuch darzustellen.

[102] Apresjan (1962) und verschiedene andere Aufsätze im gleichen Band.

die lexikologische Forschung auf eine festere syntaktische Grundlage zu stellen. Die vor kurzem erschienene sprachvergleichende Untersuchung eines Teils des Grundwortschatzes von Bendix (1965) ist vielleicht ein besseres Modell für die vor uns liegende Arbeit. Seine Untersuchung zeigt praktisch ungenützte Möglichkeiten, die der Semantik als einem wesentlichen Bestandteil der generativen (expliziten) Linguistik offenstehen.

Solange nicht weiteres Material in der erforderlichen Form greifbar ist, kann die Aufstellung einer semantischen Theorie nichts anderes als ein Versuch sein. In mancher Hinsicht war die formale Analyse synchronischer semantischer Prozesse, die in dieser Abhandlung unternommen wurde, zu detailliert und verfrüht. Doch es scheint lehrreicher zu sein, den Versuch einer angemessenen Theorie zu wagen, der dann scheitert, als einer unangemessenen Theorie zu erlauben, mit falschen Ansprüchen auf Erfolg davonzukommen.

Bibliographie

Allen, W. S.: On the Linguistic Study of Languages. Cambridge 1957

Apollonios Dyskolos: Apollonii Alexandrini de constructione orationis libri quattuor. Hrsg. v. Immanuel Bekker. Berlin 1817

Apresjan, J. D.: O ponjatijach i metodach strukturnoj leksikologii. – In: Problemy strukturnoj lingvistiki. Moskau 1962

*Bar-Hillel, Yehoshua: Universal Semantics and Philosophy of Language: Quandaries and Prospects. – In: Jaan Puhvel (Hrsg.), Substance and Structure of Language. Berkeley and Los Angeles 1969, S. 1–21

Bazell, C. E.: Linguistic Form. Istanbul 1953

Bendix, Edward H.: Componential Analysis of General Vocabulary. The Semantic Structure of a Set of Verbs in English, Hindi, and Japanese. Ph. D. dissertation, Columbia University (1965). The Hague 1966

Bloomfield, Leonard: Secondary and Tertiary Responses to Language. – In: Language 20 (1944), S. 45–55

*Bolinger, Dwight: The Atomization of Meaning. – In: Language 41 (1965), S. 555–573

*Brekle, Herbert Ernst: Generative Satzsemantik und transformationelle Syntax im System der englischen Nominalkomposition. München 1970

Burling, Robbins: Cognition and Componential Analysis: God's Truth or Hocus-pocus?. – In: American Anthropologist 66 (1964), S. 20–28

Carnap, Rudolph und Bar-Hillel, Yehoshua: Semantic Information. – In: British Journal of the Philosophy of Science 4 (1953), S. 147–157

Chakravarti, Prabhachandra: The Linguistic Speculations of the Hindus. Kalkutta 1933

Chao, Y. R.: Ambiguity in Chinese. – In: Studia serica Bernhard Karlgren dedicata. Kopenhagen 1959

Cholodovič, A. A.: Opyt teorii podklassov slov. – In: Voprosy Jazykoznanija 1 (1960), S. 32–43

Chomsky, Noam: Syntactic Structures. The Hague 1957

– Some Methodological Remarks on Generative Grammar. – In: Word 17 (1961), S. 219–239

– Aspects of the Theory of Syntax. Cambridge, Mass. 1965. Übers. als:

*– Aspekte der Syntax-Theorie. Frankfurt a. M., Berlin 1969   (= AÜ)

– und Miller, George A.: Introduction to the Formal Analysis of Natural Languages. – In: R. D. Luce, R. Bush und E. Galanter (Hrsg.), Handbook of Mathematical Psychology, Vol. II. New York 1963, S. 269–321.

Conklin, Harold C.: Lexicographic Treatment of Folk Taxonomies. – In: Fred W. Householder und Sol Saporta (Hrsg.), Problems of Lexicography. Bloomington 1962, S. 119–141

*Coseriu, Eugenio und Geckeler, Horst: Linguistics and Semantics: Linguistic especially Functional Semantics. – In: Current Trends in Linguistics, Vol. 12

*Current Trends in Linguistics. Hrsg. v. Thomas A. Sebeok. Vol. 1: Soviet and East European Linguistics. The Hague 1963, 2. Aufl. 1968. Vol. 3: Theoretical Foundations. The Hague 1966. Vol. 12: Linguistics and Adjacent Arts and Sciences. Bloomington 1971

Fodor, Jerry A.: Projection and Paraphrase in Semantic Analysis. – In: Analysis 21 (1961), S. 73–77

– und Katz, Jerrold J. (Hrsg.): The Structure of Language. Readings in the Philosophy of Language. Englewood Cliffs, N. J. 1964

*Gauger, Hans-Martin: Die Semantik in der Sprachtheorie der transformationellen Grammatik. – In: Linguistische Berichte 1 (1969), S. 1–18

Greenberg, Joseph H. (Hrsg.): Universals of Language. Cambridge, Mass. 1963

Halliday, M. A. K.: Categories of the Theory of Grammar. – In: Word 17 (1961), S. 241–292

Hockett, Charles F.: A Course in Modern Linguistics. New York 1958

Isačenko, A. V.: Binarnost', privativnye oppozicii i grammatičeskie značenija. – In: Voprosy Jazykoznanija 2 (1963), S. 39–56

Jakobson, Roman: Beitrag zur allgemeinen Kasuslehre. – In: Travaux du Cercle Linguistique de Prague 6 (1936), S. 240–287

– Boas' View of Grammatical Meaning. – In: American Anthropologist 61/2 (1959), S. 139–145

Katz, Jerrold J.: A Reply to ›Projection and Paraphrase in Semanics‹ [Fodor (1961)]. In: Analysis 22 (1961), S. 36–41

– Semi-Sentences. – In: The Structure of Language, S. 400–416   (= 1964 a)

– Analyticity and Contradiction in Natural Languages. – In: The Structure of Language, S. 519–453   (= 1964 b)

– und Fodor, J.: The Structure of a Semantic Theory. – In: Language 39 (1963), S. 170–210. Nachdruck mit kleinen Änderungen in: The Structure of Language, S. 479–518

– und Postal, Paul M.: Semantic Interpretation of Idioms and Sentences Containing them. – In: Massachusetts Institute of Technology, Research Laboratory of Electronics, Quarterly Progress Report, Nu. 70 (1963), S. 275–282

– und Postal, P. M.: An Integrated Theory of Linguistic Descriptions. Cambridge, Mass. 1964.

*– Recent Issues in Semantic Theory. – In: Foundations of Language 3 (1967), S. 124–194

*– The Philosophy of Language. New York und London 1966. Übers. als:

*– Philosophie der Sprache. Frankfurt a. M. 1969   (= PÜ)

Klima, Edward S.: Negation in English. – In: The Structure of Language, S. 246–323

*Krenn, Herwig und Müllner, Klaus: Generative Semantik. – In: Linguistische Berichte 5 (1970), S. 85–106

Kuryłowicz, Jerzy: Zametki o značenii slova. – In: Voprosy Jazykoznanija 3 (1955), S. 73–81

Kuznecova, A. I.: Ponjatie semantičeskoj sistemy jazyka i metody eë issledovanija. Moskau 1963

Labov, William: The Social Stratification of English in New York City. Ph. D. dissertation, Columbia University (1964). Washington 1966

- The Reflections of Social Processes in Linguistic Structures. – In: Joshua A. Fishman (Hrsg.), Reader in the Sociology of Language. The Hague 1965
*Lang, E.: Terminologisches Wörterbuch zur generativen Grammatik – englisch-deutsch-russisch-estnisch. – In: Keele modelleerimise probleeme - Problemy modelirovanija jazyka III, 3. Tartu 1969, S. 117–213   (= La)
Lees, Robert B.: The Grammar of English Nominalizations. Bloomington 1960, Nachdruck The Hague 1963
- The Grammatical Basis of Semantic Notions. – In: Georgetown University, Monographs on Languages and Linguistics 11 (1961), S. 5–20
Lounsbury, Floyd G.: A Formal Account of the Crow and Omaha-Type Kinship Terminologies. – In: Ward H. Goodenough (Hrsg.), Explorations in Cultural Anthropology. Essays in Honor of George Peter Murdock. New York 1964, S. 351–393   (= 1964 a)
- The Structural Analysis of Kinship Semantics. – In: Proceedings of the Ninth International Congress of Linguists, Cambridge, Mass., 1962. Hrsg. v. Horace G. Lunt. The Hague 1964, S. 1073–1090   (= 1964 b)
Martinet, André: A Functional View of Language. Oxford 1962
*McCawley, James D.: Rez. v. Current Trends in Linguistics, Vol. 3. – In: Language 44 (1968), S. 556–593, bes. 579–587
McIntosh, Angus: Patterns and Ranges. – In: Language 37 (1961), S. 325–337
Miller, George A. und Chomsky, Noam: Finitary Models of Language Users. – In: R. D. Luce, R. Bush und E. Galanter (Hrsg.), Handbook of Mathematical Psychology, Vol. II. New York 1963, S. 419–491
Mowrer, Hobart O.: Learning Theory and the Symbolic Process. New York 1960
Osthoff, Hermann: Vom Suppletivwesen der indogermanischen Sprachen. Heidelberg 1900
Peirce, Charles Saunders: Collected Papers. Vol. III. Cambridge, Mass. 1933
*Postal, Paul M.: On the Surface Verb ›Remind‹. – In: Linguistic Inquiry I, 1 (1970), S. 37–120
Problemy Frazeologii. Moskau 1964
Putnam, Hilary: Some Issues in the Theory of Grammar. – In: Roman Jakobson (Hrsg.), Structure of Language and its Mathematical Aspects (Proceedings of Symposia in Applied Mathematics XII). Providence 1961, S. 25–42
Reichenbach, Hans: Elements of Symbolic Logic. New York 1948
Riffaterre, Michael: The Stylistic Function. – In: Proceedings of the Ninth International Congress of Linguists, Cambridge, Mass., 1962. Hrsg. v. Horace G. Lunt. The Hague 1964, S. 316–322
Sastri, Gaurinath: The Philosophy of Word and Meaning. Kalkutta 1959
Schmidt, Franz: Logik der Syntax. 4. Aufl. Berlin 1962
Sîbawaihi: Sîbawaihis Buch über die Grammatik. Übers. v. G. Jahn, Berlin 1895
Smith, Carlota S.: Determiners and Relative Clauses in a Generative Grammar of English. – In: Language 40 (1964), S. 37–52
Stöhr, Adolf: Algebra der Grammatik. Ein Beitrag zur Philosophie der Formenlehre und Syntax. Leipzig und Wien 1898
The Structure of Language. Siehe J. A. Fodor und J. J. Katz 1964
Thomas von Erfurt (c. 1350): Grammatica speculativa. Duns Scotus zugeschrieben und veröffentlicht in seinen Opera omnia. Z. B. die Ausgabe von Paris 1891, Vol. I
Ufimceva, A. A.: Opyt izučenija leksiki kak sistemy. Moskau 1962

Verburg, P. A.: The Background of the Linguistic Conceptions of Bopp. – In: Lingua 2 (1951), S. 438–468

Vygotsky, Lev S.: Thought and Language. Übers. des Originals von 1934. Cambridge, Mass. 1962

Wallace, A. F. C. und Atkins, J.: The Meaning of Kinship Terms. – In: American Anthropologist 62 (1960), S. 58–80

Weinreich, Uriel: Travels in Semantic Space. – In: Word 14 (1958), S. 346–366

– Lexicographic Definition in Descriptive Semantics. – In: Fred W. Householder und Sol Saporta (Hrsg.), Problems in Lexicography. Bloomington 1962, S. 25–43

– On the Semantic Structure of Language. – In: Joseph H. Greenberg (Hrsg.), Universals of Language. Cambridge, Mass. 1963, S. 114–171

– [Soviet] Lexicology. – In: Current Trends in Linguistics. Vol. 1, S. 60–63 (= 1963 b)

– Rez. v. Vygotsky (1962). – In: American Anthropologist 65 (1963, S. 1401–1404 (= 1963 c)

– Webster's Third: A Critique of its Semantics. – International Journal of American Linguistics 30 (1964), S. 405–409. Leicht veränderte russische Fassung in: Voprosy Jazykoznanija 1 (1965), S. 128–132

*– On Arguing with Mr. Katz: A Brief Rejoinder. – In: Foundations of Language 3 (1967), S. 284–287

– Semantics and Semiotics. – In: International Encyclopedia of the Social Sciences, Vol. 14. New York 1968, S. 164–169

*– Problems in the Analysis of Idioms. – In: Jaan Puhvel (Hrsg.), Substance and Structure of Language. Berkeley and Los Angeles 1969, S. 23–81

Wells, Rulon S.: Meaning and Use. – In: Word 10 (1954), S. 115–130

*Zgusta, Ladislav: Rez. v. Current Trends in Linguistics, Vol. 3. – In: Archiv Orientální 35 (1967), S. 298–301.

Ziff, Paul: Semantic Analysis. Ithaca 1960

– About Ungrammaticalness. – In: Mind 13 (1964), S. 204–214

Zimmer, Karl E.: Affixal Negation in English and Other Languages. An Investigation of Restricted Productivity. Supplement zu: Word 20/2 (1964)

Terminologisches Glossar und Register

Zu den Abkürzungen vgl. in der Bibliographie: Chomsky = AÜ, Katz = PÜ, Lang = La. Nach dem englischen Stichwort folgen im allgemeinen zunächst Verweise auf das Original in *Current Trends 3*. Es folgen die Verweise auf unsere Übersetzung. Das Register erhebt keinen Anspruch auf Vollständigkeit, und Verweise auf AÜ und PÜ haben meist den Charakter von Übersetzungsbeispielen. In AÜ wird in der Regel der erste Beleg angegeben. Die terminologischen Übersetzungen dort wurden normalerweise übernommen. In begründeten Fällen wurde jedoch davon abgewichen (vgl. z. B. *count*).

acceptability Akzeptierbarkeit AÜ 22, La. – Akzeptabilität AÜ 23
acquisition model (of language) 446, 449, Modell des Spracherwerbs 63, 77, AÜ 40
adequacy Adäquatheit AÜ 39, La
   descriptive a. deskriptive A. AÜ 39
   explanatory a. explanative A. AÜ 41
ambiguity 398, Mehrdeutigkeit 6, PÜ 145. – Ambiguität AÜ 36, La, PÜ 145
ambiguous 398, mehrdeutig 6, PÜ 145. – doppeldeutig AÜ 179
analytic analytisch PÜ 173
   a. sentence 446, analytischer Satz 73
auxiliary (=Aux) 437, Auxiliarkomplex 62, AÜ 88, La
banality 448, Banalität 75
base 443, 445, Basis 69, 71, AÜ 88, La
bracketing 410, Klammerung 23, AÜ 24
   labelled b. 417, 445, indizierte K. 34, 71, AÜ 30
branching 439, Verzweigung 63, La
   b. rules 443, Verzweigungsregeln 69, AÜ 145
calculator 455, Kalkulator 84
   semantic c. semantischer Kalkulator, semantische Ausgleichsinstanz La
categorial component 433, kategoriale Komponente 56, AÜ 159. – Kategorienkomponente La
   c. marker Kategorienmerkmale AÜ 208
   c. rules Kategorienregeln AÜ 159. – Kategoriale Regeln La
   c. symbol 401, 433, 443, Kategoriensymbol 11, 56, 69
circumstance 437, Umstand 61
cluster 418, Häufung 35. – semantisches Cluster La
competence Sprachkompetenz AÜ 14
concord 439, 457, Konkordanz 63, 86
   c. path 457, Konkordanz-Pfad 86

c. rule 457, Konkordanz-Regel 86
configuration 418, Konfiguration 35, semantische K. La
conflation rule 461, Verschmelzungs-Regel 91
constituent Konstituente La
  immediate c. 437, unmittelbare K. 62
construal rule 451, 461, Konstruktions-Regel 80, 91, semantische K. La
count zählbar
  c. noun 434, zählbares Nomen 57. – Individuativum AÜ 89
contradiction 461, Widerspruch, Widersprüchlichkeit 91. – Kontradiktion La
cross-classification 436, 473, Kreuzklassifizierung 60, 108, AÜ 208
deletion Tilgung AÜ 222, La. – Eliminierung AÜ 276, La. – Weglass- La
delimitation 426, Begrenzung 47. – Eingrenzung La
derivation Derivation AÜ 24, La, Ableitung La
  -al history 417, Derivationsgeschichte 34
determiner (= *Det*) 434, Determinator 58, AÜ 88
deviance 413, 464, 470, Abweichung 28, 95, 104, AÜ 21
  d. marker 464, Abweichungsmarker 95
deviation 413, 464, 470, Abweichung 28, 95, 103
distinguisher 405, Distinktor 16, La
dummy symbol 433, Quasi-Symbol 56, AÜ 136, La. – Leeres Symbol AÜ 136,
  La, Platzhalter AÜ 136, 171, La
dummy marker 443, Quasi-Marker 69
entry Eintrag
  dictionary e. 399, 446, 450, Wörterbucheintrag 8, 72, 77. – Wörterbucheintragung PÜ 141, La
  lexical e. 417, Lexikoneintrag 34. – Lexikon-Eintragung AÜ 113, La
erasure (transformation) Löschung(stransformation) AÜ 184. – Tilgung(stransformation) La
evaluator 445, Evaluator 71
  semantic e. 466, semantischer E. 97. – Semantische Bewertungsinstanz La
feature Merkmal AÜ, La, PÜ
  distinctive f. distinktive Merkmale AÜ 109, La
  semantic f. 433, semantisches M. 56, PÜ 143
formative 418, 445, 455, Formativ 34, 71, 84, AÜ 13, La
grammaticality, -ness 413, Grammatikalität 28, AÜ 34, La
idiom 450, Idiom (als Lehnwort gebraucht, = idiomatischer Ausdruck) 78
item Element, Einheit
  lexical i. lexikalisches Element AÜ 157, lexikalische Einheiten 158
label 429, 445, *labelling* 418, Beschriftung 50, 71, 34
lexical rule 434, 452, Lexikon-Regel 57, AÜ 113, La
linking 419, 420, 460, Verkettung, verkettend 37, 89. – Anlagerung La
  impure l. 422, unreine V. 41
  non-linking construction 420, 424, nicht-verkettende Konstruktion 37, 43. –
  Nicht-anlagernde K. La
linking-and-nesting-rule 460, Verkettungs-und-Einnistungs-Regeln 89
main verb Hauptverb AÜ 98
map (into) 443, 444, abbilden (auf) 68, 70. – Überführung (in) AÜ 158
mapping (onto) Abbildung (auf) La
marker Marker AÜ, La, PÜ. – Markierung La, PÜ, Merkmal AÜ, La
  phrase-marker P-Marker AÜ 90, La. – Phrasemarker La, PÜ 116, Forma-

KONZEPTE
der Sprach- und Literaturwissenschaft

Weitere Bände sind in Vorbereitung. Der Verlag erteilt gern Auskünfte.